■ 浙江省社科基金后期资助项目（项目编号：16HQZZ18）

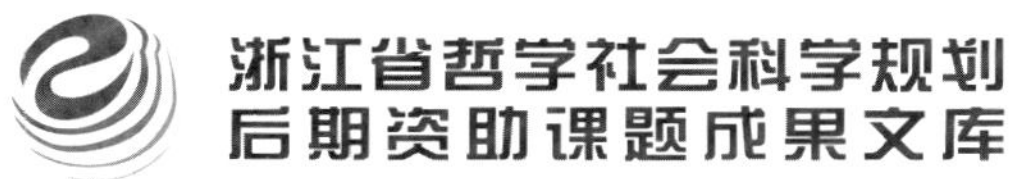

人际关系对人情消费行为的影响

Renji Guanxi Dui
Renqing Xiaofei Xingwei De Yingxiang

俞杰龙　著

中国社会科学出版社

图书在版编目(CIP)数据

人际关系对人情消费行为的影响 / 俞杰龙著. —北京：中国社会科学出版社，2017.11

ISBN 978 - 7 - 5203 - 0831 - 1

Ⅰ.①人… Ⅱ.①俞… Ⅲ.①人际关系 - 影响 - 消费者行为论 - 研究 - 中国 Ⅳ.①F723.5

中国版本图书馆 CIP 数据核字(2017)第 205547 号

出 版 人　赵剑英
责任编辑　刘晓红
责任校对　韩海超
责任印制　戴　宽

出　　版　中国社会科学出版社
社　　址　北京鼓楼西大街甲 158 号
邮　　编　100720
网　　址　http://www.csspw.cn
发 行 部　010 - 84083685
门 市 部　010 - 84029450
经　　销　新华书店及其他书店

印　　刷　北京明恒达印务有限公司
装　　订　廊坊市广阳区广增装订厂
版　　次　2017 年 11 月第 1 版
印　　次　2017 年 11 月第 1 次印刷

开　　本　710×1000　1/16
印　　张　10.25
插　　页　2
字　　数　139 千字
定　　价　48.00 元

前　　言

“人情”法则可理解为中国社会结构和社会运行的基础，“八项规定”实施后，党政机关带头抵制奢靡之风，但植根于中国几千年传统文化的人情消费却未见减少。在市场经济和社会转型的冲击下，人情消费呈现出“工具理性”增强的特点，消费名目越来越多，规模增长较快，已使众多居民不堪重负。光明日报（2013 年 6 月 23 日头版）的数据显示，我国户均人情消费支出占家庭总收入的比重已达 7.9%，农村家庭则高达 11.4%。人情消费的现状引起了政府和社会各界的高度关注，引导和规范人情消费的政策措施还将陆续出台。

中国传统社会的人际关系具有“差序格局”的特点，“差序格局”多元化和理性化后，基于“差序格局”的人际关系的简单定性的分类难以涵盖现代人际关系的全貌，难以满足基于一定人际关系的人情消费研究需要。因此，本书将引入现代人际关系测量量表，从心理账户的崭新视角，对中国居民人情消费行为进行实证研究，对人情消费现象做出新的解释，探索出新的发现。

礼金和礼品交换已经取代了劳务交换成为人情消费的主要形式，所以本书的研究思路为：先引入组织管理领域的人际关系测量量表，根据研究目的修改经适用性检测后用于人情消费的研究，探讨人际关系对人情消费购买意愿的影响，用心理账户理论解释人际关系对人情消费意愿影响的形成机制。然后分别从礼金和礼品两个人情消费的主要方面展开研究。

全书共分为七章，前三章概述研究的背景，对基本概念进行界定，梳理文献和全书研究的理论基础，为三项实证研究的展开做好准备；接下来的三章是全书的核心部分，在引入现代人际关系测量量表的基础上，分别研究人际关系对人情消费意愿的影响（心理账户视角），对礼金消费决策（心理账户视角）以及礼品消费决策的影响，最后一章对全书的贡献和创新之处进行总结。以下将按照章节顺序介绍各部分的内容，包括各章的研究目的、方法和结论。

第一章是绪论，包括研究的背景和问题的提出，以及研究的思路、主要内容和意义。指出目前人情消费呈现出“工具理性”增强的特点，已成为居民经济和精神的双重负担；面临的主要问题是在现代人际关系的“差序格局”多元化和理性化的背景下，如何引导和规范人情消费行为。解决方向是引入人际关系测量量表，运用解释消费行为的新的重要理论对人情消费行为进行解释，探索新的规律，为政府指导和规范人情消费、为企业营销决策提供理论基础。第一章还将阐述全书的研究目的、方法和思路、主要内容和研究意义。

其中研究的理论意义主要有：一是引入测量现代人际关系的新方法。传统人际关系的“差序格局”是人际关系定性分类的基础，“差序格局”多元化理性化后，这种简单定性的分类已经不能满足人情消费研究的需要，人际关系需要新的分类或测量方法。二是引入新的消费理论解释人情消费行为。现有人情消费研究的理论基础主要是社会资本（社会网络）、社会交换、功能主义和有限理性的理论，作为解释消费行为的新的重要理论，心理账户理论尚未用于解释人情消费行为。三是拓展了人情消费研究的深度与广度。在引入有效测量人际关系量表和新消费理论的基础上，探讨人情消费领域有价值的课题。

实践意义主要包括：一是对扩大内需具有理论指导作用。

人际关系影响人情消费意愿的研究结论可供企业选择细分变量和营销沟通做理论借鉴，作用机制的研究明确了提升人情消费意愿的途径。企业提升消费者对产品的感知获取价值能够提升消费意愿，进而提高销量，有效拉动内需。二是为引导规范人情消费提供理论基础。人际关系不同维度对礼金消费影响的研究结论，有助于宣传和引导消费者树立科学理性的人情消费观念。三是为企业产品定位提供参考。人际关系影响消费者礼品购买时对产品属性偏好的研究结论可供企业产品和品牌的定位作为理论参考；影响消费者礼品购买卷入度的研究结论可供企业制定营销沟通策略作为参考。

第二章是人情消费和心理账户相关研究文献综述。对相关基本概念进行界定，梳理这两个领域的国内外已取得的研究成果，评述已有研究的不足以及有待研究的课题。

第三章理论基础和研究视角是文献综述部分的延伸，动机和功能是人情消费研究的核心问题，与理论基础联系紧密，将人情消费动机和功能的文献放在本章进行总结。该章还论述了本书的研究视角——引入心理账户理论解释人情消费行为。评述现有理论基础对人情消费研究的指导作用和意义，指出现有理论基础导致的人情消费研究的不足之处，然后提出改进方法，由于论述内容较多，因此作为一个独立的章节。

第四章研究人际关系对人情消费意愿的影响，以及感知获取价值在人际关系对人情消费意愿影响中所起的中介作用。在引入组织管理领域的人际关系测量量表基础上，验证人际关系对人情消费意愿的影响（主效应），从心理账户的视角探索人际关系对人情消费意愿影响的作用机制（中介效应）。以浙江嘉兴市 1 所成人培训学校 284 名学员为研究对象，层级回归分析结果显示：人际关系的情感依恋关系对礼品购买者人情消费意愿具有显著的正向影响，感知获取价值在其中起着完全中介的作用。

第五章研究人际关系对消费者礼金数量决策的影响。影响消费者礼金数量确定的因素还包括地方礼金风俗的高低，初次送礼或还礼等情境因素。本章验证了四种典型送礼情境下，人际关系对消费者礼金数量影响的稳定性。研究假设的提出使用了文献研究法、田野调查法和小组访谈的方法，以吉林榆树向阳镇380位居民为研究对象，回归分析结果显示：四种情境下，人际关系的情感依恋关系对礼金数量都具有显著的正向影响；初次送礼时不论礼金风俗的高低，人际关系的工作顺从关系对礼金数量都具有显著的正向影响；而还礼时则具有显著的负向影响。

第六章研究人际关系在消费者购买礼品时对产品属性的偏好和卷入度的影响。礼品的属性包括品牌、价格、功能和质量；卷入度包括象征性、重要性和时间三个维度。在引入组织管理领域的人际关系测量量表基础上，根据研究目的对消费者决策类型（CSI）和消费者卷入度（Involvement）量表进行删改，并进行信度、效度检验后用于人际关系对产品属性偏好和卷入度影响的研究，为企业的产品和品牌定位提供理论基础。统计方法主要是采用SPSS17.0进行信度分析和探索性因子分析（Exploratory Factor Analysis，EFA）、数据同源性方差（Common Method Variance，CMV）检验的Harman单因子检测方法，以及量表效度检验的验证性因子分析（Confirmatory Factor Andysis，CFA）方法。以江西南昌一所高校的EMBA340名学员为研究对象，回归分析结果显示：人际关系的情感依恋关系在消费者购买礼品时对产品质量、功能和品牌偏好都具有显著的负向影响，而对礼品购买卷入度的象征性和重要性因子具有显著的正向影响；人际关系的生活卷入关系对产品的质量、功能和价格，以及象征性和时间因子都具有显著的正向影响；工作顺从关系对功能、品牌和价格偏好，以及时间因子都具有显著的正向影响。

第七章是总结和展望。对全书研究的主要结论进行归纳，对研究的创新之处和局限性进行总结，并指出未来研究的方向。

本书的主要结论为：一是现代人际关系多元化理性化背景下，笼统地研究人际关系的影响是无解的，必须区分不同的人际关系内容进行求解，本书根据量表结构划分为情感依恋、生活卷入和工作顺从关系；二是情感依恋关系对人情消费意愿具有显著的正向影响，这个影响完全是通过感知获取价值发生作用的，故企业营销沟通中提升消费者对产品的心理估价能够提升其消费意愿；三是人际关系中的工作顺从关系还礼时对礼金数量影响不是正向的，而是显著的负向影响，工作中建立培养的良好关系反而能够抑制礼金数量的增加；四是情感依恋关系对礼金数量具有显著的正向影响，应当宣传和引导消费者树立人情消费“贵不昂贵，贵适合”的科学消费观念，尤其在给高情感依恋程度关系的对象送礼时，应该重“情”而非“亲”钱，提倡某些场合用自产或自制的礼品代替礼金，表达心意；五是情感依恋关系对产品的质量、功能和品牌都有显著的负向影响，企业可以根据情感依恋程度的高低作为产品和品牌定位的基础，针对情感依恋程度低的对象，企业可以突出产品的功能、质量或品牌的知名度，针对情感依恋程度高的对象，可以转而强调产品和品牌的体验性利益；六是人际关系中的情感依恋关系对人情消费行为的影响最为稳定，最不稳定的是生活卷入关系。情感依恋关系是较为单纯的关系，因为单纯不易波动而稳定。生活卷入关系类似于人情面子模型中的“混合性”关系，容易导致“人情困境”。

本书的创新之处主要有：一是引入了现代人际关系测量量表到人情消费领域。营销和消费领域鲜有研究对人际关系进行测量，而组织管理领域有成熟的人际关系测量量表。我们根据研究目的选择了合适的人际关系测量量表，修改并进行了适用性检验，为人情消费的定量研究奠定了基础。二是运用心理账户理论对人情消费行为做出了新的解释，并得到了新的规律。情感依恋关系对人情消费意愿的影响是完全通过感知获取价值发挥作用的，使用中介效应检验的方法验证了感知获取价值在以上关系中的完全中介作用。三是从心理账户的视角对礼金消费数量决策进行了实证研究。从“心理账户”参照点效应和礼金风俗的视角审视人情消费，总结礼金消费的四种典型情境，并研究了四种典型送礼情境下，人际关系对礼金消费数量决策的影响，验证了影响的稳定程度。四是实证研究了人际关系对礼品消费决策的影响。人际关系对礼品消费决策影响的研究都是基于对人际关系定性的分类，我们在引入现代人际关系测量量表的基础上，在相关理论指导下，根据研究目的对消费者决策类型和卷入度测量量表进行删改并进行了适用性检验，用于产品属性和卷入度的测量，完成了人际关系在消费者购买礼品时对产品属性偏好和卷入度影响的实证研究。

关键词：人情消费　心理账户　人际关系　礼金数量决策　礼品购买决策

Preface

Law of "renqing" is the basis to understand China's social structure and operation of society, especially in rural area. There are new characteristics in renqing consumption at present due to the impact of market economy and the social transformation. renqing consumption Deep-rooted in China's traditional culture for thousands of years, it is showing a feature of increasing "instrumental rationality", more and more consumer items appear, the scale is growing rapidly, and farmers' are already over burdened.

According to data from Guangming daily (front page on June 23, 2013), renqing consumption spending accounts for the proportion of total household income is as high as 7.9% in China in 2013, it is 11.4% in rural area. According to a report of the Comprehensive survey of the Chinese society in 2008 from Chinese academy of social sciences, our country's rural spending of renqing consumption was the fourth largest spending, only second to food, health care and education, accounted for 9.3% on average in the farmers' consumption. According to data released from Wenzhou city bureau of statistics in 2012, renqing consumption is growing at a considerable rate and has made a heavy load for both urban and rural residents.

Closed economy of the rural traditional self-sufficient and isolation between urban and rural areas is gradually being broken, and the rise of the rural township enterprises, the improvement of agricultural productivity has prompted more and more farmers leave the land, go out to work, or engaged in non-agricultural industries, making the focus of rural renqing consumption, strong homogeneity circle of blood and marriage extended to heterogeneity of industry, geopolitical fate.

The government and the academy concern about the status quo of renqing consumption, policy and measures to guide and standardize human consumption is continuously developed and enacted. In December 2012, eight rules about "the improvement of work style, closer ties with the masses" has approved by the central committee of the communist party of China; In addressing folk deformity of human consumption, under the lead and guidance of relevant departments, organizations such as "transforming social traditions council", "red and white board" have been set up in rural areas.

Social structure of interpersonal relationship in China has the characteristics of "pattern of difference sequence", however, the modern rural relationships "pattern of difference sequence" has been diversefied and rationalized, simple qualitative classification of the interpersonal relationship based on the "pattern of difference sequence" is difficult to cover the whole picture of modern relationships. Therefore, this paper will introduce the modern measuring scale of interpersonal guanxi, under the background of Chinese traditional culture and values, from a new perspective of mental accounting, carried out a new empirical research on renqing consumption behaviors, made new explanation for phenomenon in renqing consumption, and explored the new findings.

As exchange of gift and gift money has replaced exchange of labor services, and become the main forms of renqing consumption, so the research logics of this paper are as follows: First, introduced the scale of interpersonal guanxi from the field of organization and management, delete and modify some items according to the research purpose, test the reliability and the validity of the scale, and use the scale to explore the effect of interpersonal guanxi on renqing consumption willingness, use the theory of mental accounting to explain the mechanism of which interpersonal guanxi affect renqing consumption willness. then the influence of interpersonal guanxi on two main aspects of renqing consumption, that is gift-giving and gift-money giving, in detail, the effect on the decision of the amounts of gift-money giving, and on the decision-making preferences on the product properties and involvement when consumers buy a gift.

This paper is divided into seven chapters, the first three chapters three provides an overview of research background, the definition of basic concept, combing the essential theoretical foundation of the literature, they are the bases and prepare the conditions for the next three empirical studies that are the core of the paper. The next three chapters, on the basis of introduction of measuring scale of interpersonal guanxi, we start the following 3 empirical researches respectively. Study the effect of interpersonal guanxi on renqing consumption willingness (from the perspective of mental accounting), the decision-making of amounts of gift-money giving (from the perspective of mental accounting), and the decision-making of gift-giving. The last chapter of the article summarizes the contribution and innovation of the paper. Content of the chapters will be introduced in chapter order, including the purpose, method and conclusion of the researches.

As mentioned above, the first three Chapters are the preparations for empirical researches. The first chapter is about the background of the research and the rise of problems, points out that the current renqing consumptions take on a new features of increasing "tool rationality", and that renqing consumption become a burden of Chinese residents' both economically and spiritually. from the perspective of mental accounting, combined with the Chinese culture and values, this paper try the new interpretation of the phenomenon in renqing consumption, explore new findings, for the government to guide and standardize the renqing consumption, provide theoretical basis for enterprise to make marketing decisions. The second chapter is the theoretical basis of the research. State in detail the research purpose, research methods and logic of thought, main content and significance of research. Sums up the theoretical basis in existing renqing researches, and deficiency of current researches, and analyze the reason why add theory of mental accounting as the supplement theory for the research of renqing consumption. The third chapter is related literature review on renqing consumption and mental accounting.

The fourth chapter was about the guanxi and renqin consumption willingness and its' affecting mechism, it was designed to examine the effect of Guanxi on Renqing consumption intention as well the mediating effect of perceived acquisition value on this relationship. Based on a sample 284 from an adult training school in Jia Xing city of China, the hierarchical regression results found that affective attachment, a dimension of Guanxi, was positive related to Renqing consumption intention, and perceived acquisition value fully mediated this relationship.

The fifth chapterwas designed to examine the effect of guanxi (relationship between gift-giver and gift-receiver) on the decision of gift money number. The other factors that have influences on gift money number include local customs, stage of gift-giving and so on. We verified the stability of the effect of guanxi under four typical gift-giving situations. Based on a sample 360 from a adult training school in Jia Xing city of China, the regression results found that affective attachment, a dimension of Guanxi, was positive related to gift money number in all four situations; while personal-life inclusion was not significantly related to it in all four situations; deference to supervisor was positive related in the two situations of initial gift money giving, and negative related in the two situations of gift money giving in return.

The sixth chapter directs its efforts toward the influence of Guanxi on gift purchasing decisions in renqing consumption. China's gift market scale is close to \$800 billion a year, enterprise's product and brand positioning is particularly important for China— a small brand country. We translate and introduce the measurement scale of product features and involvement from abroad, and after testing its reliability and validity, use the scale in the research of product features and involvement preference when Chinese residents select a gift, which provides the theoretical foundation for Chinese enterprises' product and brand positioning.

The study of chapter sixth was designed to examine the effect of Guanxi (relationship between gift-giver and gift-receiver) on attributes of product and the purchase involvement when consumers purchase a gift for him or her. Based on a sample 330 from a adult training school in Jia Xing city of China, the regression results found that affective attachment, a dimension of Guanxi, was negative related to quality, function, brand, but positive related to symbol and importance of involvement; personal-life inclusion was positive related to quality, function, price, as well symbol and time of involvement; deference to supervisor was positive related to function, brand, price, as well time of involvement.

The seventh chapter is the summary and outlook of this paper, summarized the main conclusion, the innovation of the research and limitations, and points out direction for the future research. Main conclusion of this paper are as follows: the general study of the influence of the interpersonal guanxi will has no solution, interpersonal guanxi must be classified and distinguished for its combination of different contents; theory of mental accounting as a theory to explain the consumer behavior, can explain the mechanism of action of how interpersonal guanxi influence renqing consumption behavior; guanxi of work Obedience is not positive related with the gift-money amount, but a significant negative related; the impact of Interpersonal guanxi of emotional attachment on renqing consumption behavior is the most robust; the one has the most unstable impact on renqing consumption behavior among interpersonal guanxi is guanxi of personal-life involvement. The innovation of the paper mainly include the followings: introduced in the field of marketing and consumption the scale of modern interpersonal guanxi; make new explanation for renqing consumption behavior with the theory of mental accounting; from the perspective of mental accounting, carried out the empirical research of impact of interpersonal guanxi on decision-making of amounts of gift-money giving; carried out the empirical study of interpersonal impact on decision-making of gift-giving, the preference of product features and involvement of consumers when purchasing a gift.

Key Words: Renqing Consumption Interpersonal Guanxi Mental Accounting Dicision-making of Gift-money Amount Decision-making of Gift-giving

目　　录

第一章

绪　论

第一节　选题的背景和问题的提出

一　人情消费成为居民经济、精神的双重负担

人情消费植根于中国几千年的传统文化和社会结构，具有十分重要的地位。近年来人情消费名目越来越多，规模增长较快，已经成为中国居民经济、精神的双重负担。

“八项规定”实施以后，党政机关带头抵制奢靡之风，但各种人情消费却未见减少，光明日报（2013 年 6 月 23 日头版）的数据显示，我国户均人情消费支出占家庭总收入的比重已达 7.9%，农村家庭则高达 11.4%①。

中国社科院“中国社会状况综合调查”课题组的报告显示，2008 年我国农村人情往来的支出仅次于食品、医疗和教育，在农民消费总量中平均占比达 9.3%②。2009 年，国家统计局数据显示，部分县市人情消费占比超过医疗，仅次于食品和教育，如太原市 2009 年 1 月至 10 月，人均人情支出达

---

① 农村人情消费何其多，《光明日报》2013 年 6 月 23 日 01 版。

② 陈仁泽：别让“人情消费”压弯农民的腰（话说新农村），《人民日报》2009 年 2 月 22 日 05 版。

1077.6 元，占消费性支出的 11.4%，与 10 年前相比，至少增长了 3 倍，而同期的人均可支配收入仅增长一倍多[①]。2012 年温州市统计局公布的城乡村民抽样调查数据显示，温州人情消费 5 年增长 86%，这项支出使城乡村民不堪重负，已成为城乡居民经济精神的双重负担[②]。

中国社会就像一张由人情消费编织起来的巨大关系网，没有人能置身其外。中国青年报“你为人情消费所累吗”的调查（5795 人通过新浪网和题客调查网参加调查）结果显示：64.4% 的人在人情消费上花费 1000—6000 元/年，19.1% 的人超过 6000 元/年，53.2% 的人感觉人情消费负担重。在广大的中国农村，人情消费的风头更盛，50% 以上的农民认为人情消费负担重。一些乡村的人情消费占到农民年收入的 50% 以上。高额的人情消费近年来更是成为催生“恐年族”的重要因素，害怕人情消费、害怕外甥侄子、害怕送礼、害怕春节回家的开支，“春节，春劫，一年一劫”，路费、礼物、压岁钱等让“恐年族”无法承受，想出各种理由来避开过年回家。[③]

人情消费的名目越来越多。传统乡村社会的人情消费主要是婚丧嫁娶、孩子过满月和春节送礼，现在的人情消费名目繁多，早已超出了原先的范畴，比如新增加的百日宴、周岁宴、同学同事聚会、压岁钱、生日寿辰、祝贺乔迁、看病求医、职场打点、升学拜师、出书宴、参军宴、结婚周年庆典，等等。本来需要时间来进行的人际交往，人与人之间感情的维持简单

① 郝金刚：《社会透视：人情礼何以变成了人情债?》，http：//www. chinavalue. net/General/Blog/2010 - 9 - 29/483550. aspx，2010 年 9 月 29 日。

② 温州人情消费 5 年增长 86%，浙江在线新闻网站，http：//zjnews. zjol. com. cn/05zjnews/system/2012/03/08/018249253. shtml，2012 年 3 月 8 日。

③ 中国新闻网，http：//www. chinadaily. com. cn/dfpd/shehui/2014 - 02/02/content_ 17267584. htm，2014 年 2 月 2 日。

地通过送礼和人情消费而完成了。[①]

春节本来是中国社会人情消费的传统节日，但近年来升学宴请集中的八月被许多人称为“人情消费月”，人们在一个又一个升学、结婚的人情消费“轰炸”下，感受到了巨大的经济压力。甚至还出现了管理人情消费的专业软件，有一款名为“人情往来账务通”的软件还进入了软件下载排行榜。[②]

二　人情消费呈现新特点

人情消费发生了深刻的变化，影响人情消费变化的最重要的两个因素是市场经济的冲击和社会的转型。社会转型是指中国从传统的农业社会转变成一个农业、工业、信息产业多元并存的社会（李培林，1995）。市场经济的兴起加速了社会转型，社会转型又进一步为市场经济的发展提供了条件。

随着市场经济的发展和社会的转型，传统自给自足的封闭经济局面和城乡隔离状态逐渐被打破，乡镇企业的崛起，农业生产力水平的提高促使越来越多的农民离开土地，外出打工或从事非农产业，使得人情消费的重心——同质性较强的血缘和亲缘圈扩展到异质性较强的业缘、地缘圈。从事非农产业的农户常常要与许多同事、朋友互通人情以获取经商信息和支持，邻近地区的农民一同外出打工，互通信息、互相扶助，结下友谊。十几年前，只有以血缘关系为基础的宗亲、姻亲以及邻近的乡亲之间才互通人情，20 世纪 90 年代以后，农民的人情圈逐渐扩大到朋友、同事、一般亲属和更大范围的乡亲。

市场经济冲击和社会转型背景下的人情消费，其道德层面的情感维持功能弱化，经济和理性层面的工具性功能增强。人

① 《中国青年报》，http://www.cnr.cn/2013zt/rqxf2013/news/201306/t20130608_512782074.shtml，2013 年 3 月 5 日。

② 新华网，作者刘景洋，2008 年 9 月 4 日。

情消费不再是单纯的人情维持，更是实现自身利益的最大满足工具（李晓玲，2007）。人情消费已超脱对产品使用价值的享用，其符号性和象征性特征日益明显，在完成传统社会对“人情、面子”的传达意义之外，更多承载的是一种工具性作用（陈柏峰，2007）。

根据《中国青年报》的人情消费的社会调查，进行人情消费的对象主要是：朋友（71.0%）、亲戚（67.1%）、长辈（51.8%）、同事或同学（48.1%），还有领导（28.1%）、老师（17.1%）及一切社会关系（21.7%）等。多年不见的同学，初次联系就是受邀参加婚礼，甚至还会提供银行账号，表示“人不到礼要到”，礼尚往来逐渐扭曲，人情消费渐趋泛滥，人情消费成为了拉近距离、维持感情的一根“万能纽带”，“收礼账号”是人情消费泛滥化的一个缩影。

泛滥化的人情交往中，情感、友谊的因素弱化，经济、功利的因素增强，注重礼仪也逐渐变为注重利益。人情礼成为了一种利益投资和部分官员敛财腐败的方式。一些领导干部借婚丧嫁娶之机大操大办、乱发请柬，借机受贿敛财。部分民众倾向于以“送礼”“走后门”的方式攫取寻租空间。互惠范式的人情消费在农业社会往往表现为实物形式，其初衷是某家庭遇到婚丧嫁娶需要宴请和帮助时，亲戚乡邻拿出实物“凑份子”。在如今更多表现为金钱形式，人情的成分越来越少，理性和功利的成分越来越多。以“舌尖浪费、指尖腐败”的高档香烟消费为例，有调查显示，占据卷烟市场70%的中高档卷烟产品，是卷烟制造业高利润的最主要来源，而持续推高烟价的最主要因素是人情消费。[①]

① 《人民日报》，2013年6月8日。

三 政府及社会各界高度关注人情消费

社会各界对人情消费的现状高度关注。在百度中输入“人情消费”，就会输出3770万条记录，多数是最近十几年的报道和文章，内容包括人情消费的规模、特点、模式。其中，关于农民如何不堪人情消费重负，如何规范和引导人情消费方面的内容较多。

中央和各级政府陆续出台各种政策措施引导和规范人情消费。2012年12月中共中央审议通过了“关于改进工作作风、密切联系群众的八项规定”，“八项新规”倡导节约，反对浪费。根据中央精神，免礼节费的人情节俭主义应该成为新时尚，衡量人情厚薄的指标，不应是物质和丰厚礼品，而应是发自内心的嘘寒问暖；不应是金钱和物质，而应是内心的挂念和关心。[①]

“八项规定”及各种禁令主要针对党员干部，在遏制民间畸形人情消费方面，各级政府已经采取措施引导和规范人情消费。比如在相关部门的牵头和指导下，成立了诸如“移风易俗理事会”“红白理事会”等组织，正在逐步加强“村规民约”等制度建设。

湖北竹溪县新洲乡双龙村2012年底将刹人情风写进《村规民约》，经村民代表大会讨论通过，以村民签字认可的形式实施。该规定要求村民除“婚丧嫁娶、乔迁添口”之外一律不得举办酒宴。同时，村里成立红白理事会，无偿帮助村民代办酒宴事宜。办丧事，由村委会组织村民前去悼念，村民可送花圈，但不得超过100元，统一集中安葬在三组牛劲寨墓地；添口、结婚、出嫁，统一由村委会主任当支客先生，不收百姓一分钱。凡违反者，视情节轻重处以200元至1000元不等的罚

---

① 《北京晨报》，http：//www. qianlong. com，2013年3月6日。

款。据村委会统计，该规定实施后，全村仅宴请费一项每年就可节省 15 万元以上。2013 年初新洲乡凡停村、贺家湾村等 18 个村纷纷效仿双龙村，陆续将“限办酒宴”写进村民公约，加入了刹“人情风”的行列。①

四 中国传统社会赋予人情消费独特的性质

（一）中国传统社会是“差序格局”产生的基础

中国传统社会是一个“生于斯、长于斯、死于斯”的熟人社会，“差序格局”的社会结构是描述乡土中国的代表性的观点。中国传统社会的特征是：经济基础为自给自足的自然经济，基础产业为农业；社会管理的基础是权威的家长制管理，社会组织的基础为血缘关系和家庭；社会分工和分化程度低，社会同质程度高（刘祖云，2000；卜长莉，2003；章辉美、何芳芳，2007）。费孝通提出“差序格局”的概念，并指出中西方社会差异在于社会结构：中国是“差序格局”的结构，西方是“团体格局”。“团体格局”中每个人在人格上是平等的，每个团体分子和团体的关系是相等的，个人与个人、个人与团体之间的权利义务关系是明确的（费孝通，2004）。“差序格局”既包含横向的弹性的以自我为中心的“差”，又包含纵向的刚性的等级化的“序”。“差”是指以自我或所在家庭为中心的血缘关系的远近和以交往程度为基础的亲疏；“序”是指人伦的次序，君臣、父子、夫妇、长幼、上下等都有着严格的不可逾越的伦理界限。差序格局的维系是通过伦理规范、资源配置、奖惩机制等社会文化制度实现的。差序格局就“好像把一块石头丢在水面上所产生的一圈圈推出去的波纹，每个人都是他的社会影响所推出去的圈子的中心”，“社会关系是逐渐从一个人一个人推出去的，是一根根私人联系所构成的网络”。差

① 饶扬灿、郭军：《村规民约》，《刹住了人情风》，《湖北日报》，2014 年 4 月 15 日。

序格局中普遍的道德和法律标准并不发生作用，一切都因人伦差序而有别（张继焦，2004）。

（二）现代人际关系中“差序格局”的多元化

市场经济的冲击和社会的转型改变了差序格局旧有的特质，利益原则成为了差序格局构成的新维度。“差序格局”正在变得多元化、理性化，“差序格局”中关系的远近亲疏原本以血缘关系为中心，目前利益已经成为决定关系亲疏最重要的因素（卜长莉，2003；王雪，2006）。“差序格局”适用于研究以农业为基础的社会变迁速度很慢的熟人社会。市场经济的发展打破了城乡二元对立的格局。于光君（2006）指出“差序格局”应该从“农村版”走向“城市版”，农民的整个生活可以分为“礼”和“利”两部分，日常生活属于“礼”的范围，通常是由差序格局决定，商业活动和其他生产经营活动在“利”的范围之内。民工潮的出现把农村社会中处理人际关系的原则带入了城市社会，蔡禾和贾文娟（2009）提出“逆差序格局”概念，在对路桥建设业的调查中，发现包工头在无法支付所有工人工资的情况下，工资发放的逻辑是先将工资发给与其关系较远的工人。李沛良（1993）用实证统计的办法研究差序格局，发现现代社会人们建立关系时主要考虑的是利益因素，亲属和非亲属都可以被纳入格局之中，由此提出“工具性差序格局”的概念。利益原则与血缘、感情一起成为了差序格局的构成维度，并且其比重日益增大。

中国社会人际关系的发展注入了现代的元素，被赋予了新的内涵。由于市场经济的冲击，乡土社会由血缘地缘为本位逐步向业缘拓展，农民离开土地走出家庭从事非农产业和乡村工业，但是离土不离家，产业离土不离乡，他们的根依然深扎在乡土社会的血缘地缘关系中（王雪，2006）。在城市生活中，农民工的社会关系在一定程度上依然遵循差序格局的规律（李沛良，1993；吴冰洁，2011）。现代社会关系呈现多元化趋势，经济利益和理性衡量进入差序格局，社会关系由传统的差序格局开始分化，其外围已高度利益化，内核部分已高度情感化，但是情感要素依然存在，作为差序格局基础的血缘关系和地缘关系，仍然是当代中国主导型的人际关系（杨善华、侯红蕊，1999；谷家荣，2007；吴冰洁，2011）。在由传统农业社会和封闭经济向现代社会和市场经济体制转型的历史进程中，传统的差序格局被拓展为现代版的差序格局，被赋予了新的内涵，增强了其对当代中国社会人际关系及其社会结构的解释力（张文宏，2007；马戎，2007）。

（三）中国传统社会赋予人情消费独特的性质

农村社会结构是“差序格局”的，由于农村正式制度的缺失和不完善，人情作为非正式制度具有维持农村社会正常运转的功能。费孝通（1998）发现了中国农村正式制度缺失的问题，他认为中国传统社会是个无法的社会，普适的法律和制度在农村难以发挥作用，一切都因人伦差序而不同。然而社会秩序并不受社会无法的影响，因为乡土社会是礼治社会，许多行为依据传统伦理、家族网络和人情信用等非正式制度进行调节和处理。人情和人情消费与农村“差序格局”的社会结构紧密联系，与农民的生活息息相关，渗透到农民生活的方方面面，无形中约束和规范着农村居民的行为。

五 现代人际关系背景下引导和规范人情消费行为

目前，关于中国传统社会结构和中国人际关系，有三种具有代表性的观点：梁漱溟认为中国社会是伦理本位的，金耀基认为是关系本位的，费孝通则提出中国传统乡土社会是“差序格局”的。三种观点各有侧重，但有一点是相同的，就是关系的远近亲疏是理解传统社会人际关系和社会结构的基础（刘军，2005；罗家德，2005；任敏，2009）。因此，现有研究将人际关系的“差序格局”作为理解人际关系的基础和对人际关系进行分类的依据，目前人情消费的多数研究基于人际关系的定性的简单分类。

市场经济和社会转型赋予了“差序格局”新的内涵。当传统的差序格局被拓展为现代版的差序格局后，利益原则和情感、血缘原则一样全面渗入社会的方方面面。“差序格局”多元化理性化后，人际关系简单的定性分类，已经不能满足人情消费的研究，需要新的分类或测量方法。营销和消费领域缺乏对人际关系进行定量测量的研究，也就无法开展人情消费领域的定量研究。

如何引导和规范人情消费行为，需要回答和解决的主要问题如下：

（一）如何对现代人际关系进行有效的测量

如前所述，人情消费的研究基于人际关系简单的定性分类，“差序格局”多元化理性化后，这种简单的定性分类已经不能满足人情消费的研究。营销和消费领域鲜有研究对人际关系进行测量，人情消费领域需要人际关系新的分类或测量方法，为深入研究奠定基础。

（二）怎样弥补人情消费研究理论基础的不足

心理账户理论是解释消费行为的新的重要理论，已经被广泛应用于金融投资、人力资源管理和日常消费领域，但尚未用于解释人情消费行为。

现有人情消费研究的理论基础主要是社会资本（社会网络）、社会交换、功能主义和有限理性的理论（翟学伟，2004；于彬，2011）。这些理论源于西方，研究者使用这些理论解释中国人情消费行为时未能结合中国传统的文化和价值观，比如“关系”“面子”“回报”和“恩惠”等。

（三）缺乏人际关系对礼金消费决策影响的定量研究

人情消费是指在一定的社会背景下，有关系的双方通过相互往来完成的交换，包括货币、物品与劳务等的交换（李祥忠，2008）。传统乡土社会物品交换是人情消费最主要的形式，随着社会转型和市场经济的发展，礼金交换已经取代了物品交换成为人情消费中最主要的形式。礼金数量的确定是人情消费中的重要问题。

现有礼金消费的研究，主要从经济学的角度运用博弈论等方法进行分析，得出送礼人礼金消费的占优策略，缺乏实证支持（宁一非，2008；胡芳肖、屈克林、黄萃，2009；卢嘉瑞，2008），也没有考虑人情消费影响因素，如当地礼金风俗、人际关系等的影响。

（四）人际关系对礼品消费决策影响的研究有待深化

人情消费方式除了礼金交换外，另一种重要方式是礼品赠送，而剩余的一种方式——劳务交换随着社会转型和市场经济的发展，其占比越来越小，据统计只占一成左右。

人际关系对礼品消费决策影响的研究都是基于对人际关系定性的分类，然后研究不同的分类对产品价格、品牌、质量和功能等的偏好。将人际关系按照“工具性成分”和“情感性成分”的多寡分为“工具性” “混合性”和“情感性”关系（Hwang，2000），或亲人、朋友、熟人和陌生人4种（孙大强，2008）。国外学者按照亲密程度将人际关系（Relationship）对象分为6种，从强到弱依次为近亲、远亲、伙伴、朋友、同事和熟人（Parsons et al.，2011）。

在引入现代人际关系测量量表的基础上，可以整合或开发礼品消费决策所需的产品类型和卷入度测量量表，开展人际关系在消费者购买礼品时对产品属性偏好和卷入度影响的定量研究。

第二节 研究思路和主要内容

一 研究思路

传统人际关系的“差序格局”是人际关系定性分类的基础，“差序格局”多元化理性化后，这种简单定性的分类已经不能满足人情消费研究的需要。本书将引入组织管理领域成熟的人际关系测量量表，根据研究目的修改并进行适用性检验。在现代人际关系的定量测量基础上，从心理账户理论的崭新视角对人情消费行为展开深入的定量分析研究。

由于礼金和礼品交换已经取代了劳务交换成为人情消费的主要形式，所以本书的研究思路为：先引入组织管理领域的人际关系测量量表，探讨人际关系对人情消费意愿的影响，用心理账户理论解释人际关系对人情消费意愿影响的形成机制。然后分别就礼金和礼品两个人情消费的主要方面展开研究。

二 主要内容

在对前人研究成果进行充分的文献分析基础上，聚焦于现代人际关系对人情消费行为的影响。共包括一系列 3 项实证研究：从心理账户的视角审视人际关系对人情消费意愿的影响；从心理账户参照点效应和礼金风俗的视角，探讨人际关系对人情消费礼金数量确定的影响以及影响的稳定程度；整合礼品属性和卷入度量表，实证研究人际关系对消费者礼品购买决策的影响。

（一）人际关系对人情消费意愿的影响：心理账户的视角

根据研究目的引入合适的人际关系测量量表，修改并进行适用性检验后，用于人情消费领域的定量研究。以人际关系为自变量，研究人际关系对人情消费意愿的影响，并使用心理账户理论解释这种影响的形成机制。

1. 人际关系量表的确定

为确保测量工具的效度及信度，尽量采用现有文献已使用过的量表，再根据本研究的目的加以适当修改作为搜集实证资料的工具。在人际关系概念的操作性定义及衡量方法上，主要采用 Chen 等（2009）论文中的量表，该量表测试的是公司内部上司下属间的关系的强度和质量。在问卷正式定稿与调查之前，先对培训学校的部分学员进行了问卷的预调查，以评估问卷设计及用词的恰当性，再根据预试者提供的意见对问卷进行了修订。

对修改后的上司下属关系量表进行信度效度检验。信度检验使用信度系数 Cronbach's α 检验（管理学研究中常用的标准为 0.70，大于该标准表明具有良好的测量信度），通过 SPSS17.0 软件实现。效度检验采用验证性因子分析的方法，通过 AMOS17.0 软件实现。

2. 人际关系影响人情消费意愿的主效应

主要验证人际关系影响人情消费意愿的研究假说。根据文献综述的内容，本书提出研究假设：

假设 H1a：情感依恋关系对人情消费意愿具有正向的影响。

假设 H1b：生活卷入关系对人情消费意愿具有正向的影响。

假设 H1c：工作顺从关系对人情消费意愿具有正向的影响。

该研究模型（模型一）可表示为：

$$Intention = \alpha_0 + \alpha_1 G_1 + \alpha_2 G_2 + \alpha_3 G_3 + Control + \varepsilon$$

其中，Intention 为人情消费意愿，α_0 为截距项，G_1、G_2 和 G_3 分别为上司下属关系的三个维度，情感依恋、个人生活卷入和工作顺从关系，Control 为控制变量，ε 为随机扰动项。α_1、α_2 和 α_3 是情感依恋、个人生活卷入和工作顺从关系对人情消费意愿影响的回归系数。使用回归分析的方法完成假设检验。

3. 感知获取价值的中介效应

主要验证感知获取价值在人际关系影响人情消费意愿中起中介作用的研究假说。根据文献综述的内容，本书提出研究假设：

假设 H2a：感知获取价值在情感依恋关系与人情消费意愿之间起着中介作用。

假设 H2b：感知获取价值在生活卷入关系与人情消费意愿之间起着中介作用。

假设 H2c：感知获取价值在工作顺从关系与人情消费意愿之间起着中介作用。

根据 Baron 和 Kenny（1986）的建议，分三个步骤进行分析：首先，自变量对结果变量的影响。在引入控制变量（性别和家庭年收入）的基础上，我们将自变量（关系三个维度）放入回归方程，分析人际关系对人情消费意愿的影响。其次，自变量对中介变量的影响。在引入控制变量的基础上，我们将自变量（关系三个维度）放入回归方程，分析人际关系对感知获取价值的影响。最后，中介效应。在引入控制变量和自变量的基础上，我们将中介变量引入回归方程，分析人际关系和感知获取价值对人情消费意愿的影响。

第一个步骤的模型就是上文中的模型一。

第二个步骤的模型（模型二）可表示为：

$$PV = \beta_0 + \beta_1 G_1 + \beta_2 G_2 + \beta_3 G_3 + Control + \eta$$

其中，PV 为感知获取价值，β_0 为截距项，G_1、G_2 和 G_3 分别为上司下属关系的三个维度，情感依恋、个人生活卷入和工作顺从关系，Control 为控制变量，η 为随机扰动项。β_1、β_2 和 β_3 是情感依恋、个人生活卷入和工作顺从关系对感知获取价值影响的回归系数。

第三个步骤的模型（模型三）可表示为：

$$Intention = \lambda_0 + \lambda_1 G_1 + \lambda_2 G_2 + \lambda_3 G_3 + \lambda_4 PV + Control + \xi$$

其中，Intention 为人情消费意愿，λ_0为截距项，G_1、G_2和G_3分别为上司下属关系的三个维度，情感依恋、个人生活卷入和工作顺从关系，PV 为中介变量感知获取价值，Control 为控制变量，ξ为随机扰动项。λ_1、λ_2、λ_3和λ_4是情感依恋、个人生活卷入、工作顺从关系和感知获取价值对人情消费意愿影响的回归系数。

使用层级回归的方法完成上述假设检验。

(二) 人际关系对消费者礼金数量决策的影响

除人际关系外，影响消费者礼金数量确定的因素还包括地方礼金风俗的高低、初次送礼或还礼等情境因素，本书在引入人际关系有效测量量表的基础上，探讨人际关系对消费者礼金数量决策的影响，并验证四种典型送礼情境下，人际关系对消费者礼金数量影响的稳定性。

1. 人际关系对消费者礼金数量决策的影响

根据心理账户的参照点效应、“人情面子”模型和相关田野调查的结果，本书认为人际关系量表中的情感依恋关系和工作顺从关系维度对赠礼者的礼金数量具有显著的影响，而生活卷入关系的影响不显著。提出以下假设：

假设 H3：情感依恋关系对礼金数量具有显著的影响。

假设 H4：工作顺从关系对礼金数量具有显著的影响。

假设 H5：生活卷入关系对礼金数量没有显著的影响。

2. 典型送礼情境下，人际关系对消费者礼金数量影响的稳定性

根据吉林榆树结婚礼金风俗（200 元为低礼金，1000 元为高礼金），是初次送礼或还礼设置以下四种送礼情境：

情境 1 高礼金初次：假如您的这位上司比您先结婚，请问您在当地礼金风俗为一般送 1000 元的情况下随礼的数目是____________元（请填写）。

情境 2 低礼金初次：假如您的这位上司比您先结婚，请问您在当地礼金风俗为一般送 200 元的情况下随礼的数目是____

____元（请填写）。

情境 3 高礼金还礼：假如您的这位上司在您结婚后不久举办婚礼，请问您在他当初送了您 1000 元礼金的情况下随礼的数目是____________元（请填写）。

情境 4 低礼金还礼：假如您的这位上司在您结婚后不久举办婚礼，请问您在他当初送了您 200 元礼金的情况下随礼的数目是____________元（请填写）。

因变量为四种情境对应的礼金数量 1、2、3 和 4，由于缺乏人际关系对礼金消费影响的定量研究，我们将个体的背景变量、性别和家庭年收入作为控制变量。

该研究模型可表示为：

$$Y_1 = a_1 + b_{11}G_1 + b_{12}G_2 + b_{13}G_3 + Control + \varepsilon_1$$

$$Y_2 = a_2 + b_{21}G_1 + b_{22}G_2 + b_{23}G_3 + Control + \varepsilon_2$$

$$Y_3 = a_3 + b_{31}G_1 + b_{32}G_2 + b_{33}G_3 + Control + \varepsilon_3$$

$$Y_4 = a_4 + b_{41}G_1 + b_{42}G_2 + b_{43}G_3 + Control + \varepsilon_4$$

其中，Y_1、Y_2、Y_3和 Y_4为四种情境对应的礼金数量，a_1、a_2、a_3和 a_4为截距项，G_1、G_2和 G_3分别为上司下属关系的三个维度，情感依恋、生活卷入和工作顺从关系，Control 为控制变量，ε_1等为随机扰动项。b_{11}、b_{12}和 b_{13}等是情感依恋、个人生活卷入和工作顺从关系对人情消费意愿影响的回归系数。使用回归分析的方法完成上述假设检验。

（三）人际关系对礼品消费决策的影响

整合消费者决策类型和卷入度测量量表，研究人际关系在消费者购买礼品时对产品属性的偏好（Features）和卷入度（Involvement）的影响，礼品的属性包括品牌、价格、功能和质量；卷入度包括象征性、重要性和时间性三个维度。

1. 人际关系对消费者产品属性偏好的影响

对消费者购买决策类型量表进行删改并进行适用性检验，确定研究中正式使用的产品属性测量量表。通过信度分析和探索性因子分析（EFA）方法反复对量表的适用性进行检验，随后还要使用验证性因子分析（CFA）方法对量表的效度进行检验，使用 Amos17.0 软件实现。

在前人相关研究的基础上，提出假设 H6：人际关系在消费者礼品购买时对产品属性的偏好具有正向影响。

该研究模型可表示为：

$$Quality = \alpha_{q0} + \alpha_{q1}G_1 + \alpha_{q2}G_2 + \alpha_{q3}G_3 + Control + \varepsilon_q$$

$$Function = \alpha_{f0} + \alpha_{f1}G_1 + \alpha_{f2}G_2 + \alpha_{f3}G_3 + Control + \varepsilon_f$$

$$Brand = \alpha_{b0} + \alpha_{b1}G_1 + \alpha_{b2}G_2 + \alpha_{b3}G_3 + Control + \varepsilon_b$$

$$Price = \alpha_{p0} + \alpha_{p1}G_1 + \alpha_{p2}G_2 + \alpha_{p3}G_3 + Control + \varepsilon_p$$

其中，Quality、Function、Brand 和 Price 分别为质量、功能、品牌和价格，α_{q0}、α_{f0}、α_{b0}和 α_{p0}为截距项，G_1、G_2和G_3分别为上司下属关系的三个维度，情感依恋、个人生活卷入和工作顺从关系，Control 为控制变量，ε_q为随机扰动项。α_{q1}、α_{q2}和 α_{q3}是情感依恋、个人生活卷入和工作顺从关系对人情消费意愿影响的回归系数。使用回归分析方法完成假设检验。

2. 人际关系对消费者购买卷入度的影响

对 Hiu 等（2001）及 Bauer、Sauer 和 Becker（2006）研究中使用的量表进行删改并进行适用性检验，确定研究中正式使用的消费者购买卷入度测量量表。分析和实现的方法与产品属性量表的确定相同。

在前人相关研究的基础上，提出假设 H7：人际关系在消费者礼品购买时对卷入度具有正向影响。

该研究模型可表示为：

$$Symbol = \alpha_{s0} + \alpha_{s1}G_1 + \alpha_{s2}G_2 + \alpha_{s3}G_3 + Control + \varepsilon_s$$

$$Importance = \alpha_{i0} + \alpha_{i1}G_1 + \alpha_{i2}G_2 + \alpha_{i3}G_3 + Control + \varepsilon_i$$

$$Time = \alpha_{t0} + \alpha_{t1}G_1 + \alpha_{t2}G_2 + \alpha_{t3}G_3 + Control + \varepsilon_t$$

其中，Symbol、Importance 和 Time 分别为卷入度的象征性、重要性和时间性，α_{s0}、α_{i0}和α_{t0}为截距项，G_1、G_2和G_3分别为上司下属关系的三个维度，情感依恋、个人生活卷入和工作顺从关系，Control为控制变量，ε_s等为随机扰动项。α_{s1}、α_{s2}和α_{s3}是情感依恋、个人生活卷入和工作顺从关系对人情消费意愿影响的回归系数。使用回归分析方法完成假设检验。

第三节　研究意义

人情消费植根于中国几千年的传统文化和社会结构，具有极其重要的地位，是一个赠礼（Gift-giving，Gift Consumption）行为的“中国化”课题。

一　理论意义

（一）引入测量现代人际关系的新方法

如前所述，传统人际关系的“差序格局”是人际关系定性分类的基础，“差序格局”多元化理性化后，这种简单定性的分类已经不能满足人情消费研究的需要，需要新的分类或测量方法。我们将根据研究目的引入合适的人际关系测量量表，为人情消费的定量研究奠定基础。

（二）引入新的消费理论解释人情消费行为

现有人情消费研究的理论基础主要是社会资本（社会网络）、社会交换、功能主义和有限理性的理论，作为解释消费行为的新的重要理论，心理账户理论尚未用于解释人情消费行为。

本书将以人际关系为自变量，研究人际关系对人情消费意愿的影响，并尝试用心理账户理论解释这种影响的形成机制。

（三）拓展了人情消费研究的深度与广度

在引入有效测量人际关系的量表和新消费理论的基础上，

可以深入探讨人情消费领域有价值的课题。可以开展人际关系影响人情消费行为的一系列有价值的研究，包括人际关系对人情消费意愿的影响，人际关系对礼金消费决策的影响，人际关系对礼品消费决策的影响等。

二 实践意义

在扩大内需对经济发展作用日益重要，以及人情消费在居民消费中比重居高不下的背景下，本书的实践意义为：

（一）对扩大内需具有理论指导作用

人际关系影响人情消费意愿的研究结论可为企业选择细分变量和营销沟通提供理论借鉴，作用机制的研究明确了提升人情消费意愿的途径。企业提升消费者对产品的感知获取价值能够提升他们的消费意愿，进而提高销量，有效拉动内需。

（二）为引导规范人情消费提供理论基础

礼金消费是中国的一种重要的人情消费形式，是人情消费中占比最大的一种形式。人际关系不同维度对礼金消费影响的研究结论，有助于宣传和引导消费者树立科学理性的人情消费观念。

（三）为企业产品定位提供参考

人际关系影响消费者进行礼品购买时对产品属性偏好的研究结论可为企业进行产品和品牌的定位提供理论参考；影响消费者礼品购买卷入度的研究结论可为企业制定营销沟通策略提供参考。

第四节　研究技术路线和方法

一　研究技术路线图

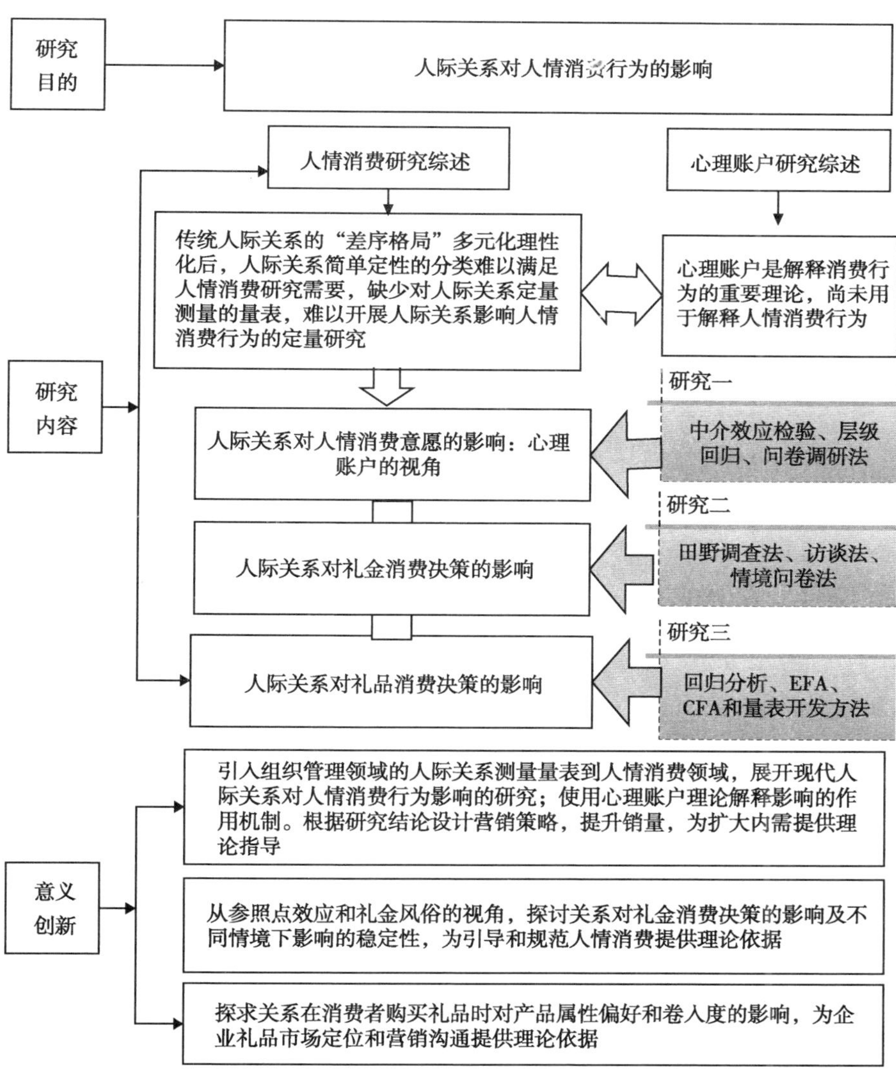

图1－1　研究技术路线图

二 研究方法

1. 文献法

主要用于人情和人情消费研究综述，以及心理账户研究综述。

2. 田野调查法

沿用社会学、人类学在研究“人情”方面使用最多的田野调查法，对人情消费行为进行观察、询问，结合访谈法和小组焦点讨论对人情消费相关行为模式与规律进行讨论与总结。作为提出研究假设的依据之一。

3. 情境问卷法

结合故事情境法完成问卷设计。“人情”具有较强的内隐性和不可控性，需通过编制人情消费的故事情境，以操控人情消费的不同情境，以此测试人情消费行为在不同情境下的规律与稳定性。

4. 量表开发方法

人情消费的研究多数是定性的分析和概念理论上的阐述，没有现成的产品属性和卷入度等研究所需的量表。引入和翻译消费者购买决策的相关量表后，必须使用信度分析和探索性因子分析（EFA）对量表的适用性进行检验，随后还要使用验证性因子分析（CFA）对量表的结构稳定性进行检验。

5. 假设检验方法

形式多样的假设检验方法，比如层级回归分析法、中介效应检验法、数据同源性偏差检验法等。

第二章

人情消费和心理账户相关研究文献综述

第一节　人情消费研究相关文献述评

一　人情消费概念界定

人情消费是基于人情含义的基础而拓展的。研究人情消费需要先关注人情的含义和相关研究。

中国社会是一个人情社会，关于人情的研究颇为丰富。林语堂在其全英文著作《吾国吾民》(*My Country and My People*)中，指出统治中国社会的“三女神”是面子、命和人情（或者恩惠)。翟学伟认为，中国人际关系是由人缘、人情和人伦构成的，其中“人情”是其核心，人情是指包含血缘和伦理思想而延伸的人际交换行为（翟学伟，1993)。李伟民则认为，“人情”包含的含义可分为三种：人之情感，进行交换的资源，交往相处所遵守的规范准则也即相处之道（李伟民，1996)。台湾学者黄光国将“人情”视为一种混合型关系，其兼具“情感”和“工具”的成分，认为人情可以概括为三个方面的含义(黄光国、胡先缙，1988；翟学伟，2004)。其他学者也对人情进行了定义（金晓彤、陈艺妮，2008；田维绪、高廷，2010；李祥忠，2008）和跨文化的分析（金耀基，1993；杨中芳，2001)。

综观学者们对人情含义的界定，大家的理解趋于一致。对“人情”完整的理解应该包括三个层面：一是其原意，指人的自然而然的感情，“何谓人情？喜，怒，哀，惧，爱，恶，欲，七者弗学而能”（《礼记·礼运》）。但随着儒家对伦理的重视，中国人后来所讲的人情已不再指人的本能情感。而是指其第二、第三层面的含义。二是乡村社会结构中人与人之间的一种可交换的互惠性资源。三是社会人际交往的纽带和准则。

值得注意的是，中国和西方因文化、价值观以及社会结构等方面存在差别，“人情”在中国的运作和西方不同。现代西方文化以自由、平等、竞争为核心，而中国具有儒家文化的传统，“集体主义”是主流的价值观，个人利益必须服从群体利益，强调群体合作和个人谦虚；而西方“个体主义”价值观占据主流地位，个人和集体同等重要，个人和集体有明确的权利义务规定，强调个人自由、英雄主义和自我实现（温金荣，2008）。西方人的人际交换遵循“公平原则”（Equality Rule），讲究的是“等值”，具有明算、算清等理性特点，与西方社会主要是一种工商社会的特点相吻合。而传统中国主要是一个重宗法和血缘关系的小农社会，“情”是不能算清的，这和西方人与人之间交往所遵循的“公平原则”相悖（吴铁钧，2004；沈静、姚本先，2006）。中国人的人情交换和施报关系是以情感相依而非理性计算为基础，并且是以个人关系为纽带的（翟学伟，2004）。传统中国是一个以非正式制度为主的社会，组织和交换逻辑以特殊主义人际关系为基准（张继焦，1999）。在中国“人情”的运作讲究的是互利（李伟民，1996）、回报和算不清。

相较于人情研究，学术界关于人情消费的研究偏少。可能是因先人情后人情消费的逻辑，故直接对人情消费进行定义的较少。刘军对人情消费进行经济学分析时，对人情消费下的定义实质上是礼金消费的概念，指出人情消费是因为人际关系而支付给他人的支出，这种消费不是自身的直接消费，有时也称为随礼（刘军，2004）。杨宜音（1998）认为人情消费是指用于农户人情往来的费用。朱晓莹（2003）把人情消费界定为农户用于人情往来的礼仪性消费，也就是有关系的双方进行交换的货币、物品或劳务。李祥忠的定义比较全面，人情消费主要是指在一定的社会背景下，人与人之间在以血缘、亲缘、地缘、业缘等关系形成的基础上用于人情往来的礼仪性消费，即有关系的双方通过相互往来进行货币、物品与劳务等的交换（李祥忠，2008）。

本书认为，人情消费的界定应结合人情含义和消费的定义，其应有之义是：一定的文化背景和社会结构条件下，为建立和维持关系而进行人情往来的礼仪性消费，包括礼金消费、礼品消费和劳务交换，是一种物质、文化和社会交往的过程。

二 人情消费研究的视角

现有文献对人情消费主要从社会学、经济学、心理学和政治学的视角进行研究。

社会学从关系角度或功能角度研究人情消费，认为人情消费“延期交换”特点可以维护长期和稳定的人际关系（翟学伟，2004；黄光国，2000），有维持乡村社会和谐运作的功能（阎云翔，2000；费孝通，1998）。

经济学对消费的研究较早较多，但是对人情消费的研究有限。2004 年，刘军首先尝试着运用博弈论对人情消费进行了探讨，运用纳什均衡分析，他指出人情消费得以延续的主要原因在于没有人愿意承担改革成本（刘军，2004）。随后，陈云等（2005）研究指出，人情礼往来行为的核心是礼金的确定过程。还有研究从成本效益分析来辨析人情消费是“理性”还是“非理性”（胡杰成，2004；马春波、李少文，2004）。

心理学对人情消费的研究，主要侧重于探讨人情消费心理，即农民为什么要进行人情消费。当前相关研究和著述相对较少。杨宜音研究指出，人情消费是农民对于包括自己在内的社会网络成员共享文化价值观的外在表现（杨宜音，1999）。人情消费心理主要包括敛财、投机、从众、补偿、攀比、报恩等心理（牛娜，2010；蔡恩泽，2004）。

政治学主要基于新农村的建设和发展，对人情消费在我国大规模存在进行描述与反思，对如何规范人情消费提出对策（田维绪，2010；柳丽，2010）。就学科视野而言，未来研究应注重多学科综合研究（李祥忠，2008）。

本书认为，人情和人情消费是一个复杂的社会现象，应当综合运用相关学科的理论进行分析以认清其本质。

三　人情消费的现状、特征、功能及其影响因素

（一）现状、反思和对策

农民人情消费名目日益增多，礼金像滚雪球一样越滚越大、不断增长而成为农民的重负（何静、李艳，2005；牛娜，2010；侯晓宁，2011）。研究认为农民文化程度不高，容易产生从众心理，外加攀比心理和“报复”心理（因为害怕过去人情投资无法收回而巧借名目创造收礼机会）使得传统的礼尚往来逐渐变为无休止的“人情债务链”（朱建堂，2005；刘刚，2006；汲怀远，2010）。并提出了引导农民树立正确的人情消费观念，譬如礼轻情意重的观念；倡导农民根据自己的家庭收入理性消费；等等（柳岳，2010；田学斌、闫真，2011；陈浩天，2011）。

学者们研究了人情消费对家庭负担的影响，人情消费必定会影响农民的支出，成为农民家庭的负担（马春波、李少文，2004；李文星、徐长生、艾春荣，2008）。马春波等的研究以湖北北部的大山村100户村民为调查样本，86%的农民感觉到人情消费是一种家庭负担，其中24%的农民感觉是一种沉重的

负担，只有14%的农民认为人情消费未成为其家庭负担，如表2-1所示。

表2-1　　人情消费的方式及其对家庭经济的影响

变量名称	频数	认同百分比（%）	变量名称	频数	认同百分比（%）
对家庭负担的影响：			维持关系的方式：		
没有负担	14	14	实物赠送	59	59
有一点负担	62	62	现金赠送	57	57
有较大的负担	19	19	劳动互助	55	55
负担很沉重	5	5	帮助解决难题	61	61
对家庭经济的作用：			使用最多的方式：		
有一定促进作用	35	35	实物赠送	14	14
没有多大关系	35	35	现金赠送	47	47
有一定阻碍作用	30	30	劳动互助	11	11
			帮助解决难题	28	28

（二）消费主体和影响因素

李祥忠（2008）指出以往相关研究都忽视了家庭是人情消费的主体和单位，家庭才是人情消费的真正主体。92.02%的人情消费都是以家庭的名义进行的，只有4.18%的人情消费是以个人的名义进行的。人情的运作基础不是个人，而是家庭，即“父债子还”（金晓彤、陈艺妮，2008）。家庭是指“由婚姻、血缘或收养关系所组成的社会生活的基本单位”。实际分析中，以家庭户为单位，作为一户的首要条件是共同生活起居。

马春波等将家庭经济和人情圈作为人情消费的相关因素，分析了二者对人情消费的影响（马春波、李少文，2004）。人情圈或者人情交往圈，是指与某一家庭有人情往来的家庭的总称，传统上是按照血缘关系的远近来划分（黄玉琴，2002；秦广强，2006）。闫真认为人情消费取决于双方的了解程度，伦理道德、文化习俗等非正式制度（闫真，2011）。中国农村是传统的乡土社会、熟人社会，由于正式制度的缺失，作为非正式制度的“人情”规则和人情消费具有降低农村社会运作成本和交易费用的功能。

牛娜（2010）用调研的方法比较系统和深入地分析了影响人情消费行为的因素，人情圈、传统消费心理、家庭经济和家庭类型四类因素，并在此基础上建立了农村家庭人情消费的相关因素分析模型，从理论上揭示了各因素之间的关系。但没有实证数据对模型加以验证，而且调研样本较小，所做分析仅限于描述性统计分析。这四个主要因素一定程度上涵盖了马春波、李少文和闫真等提出的影响因素，如图 2－1 所示。

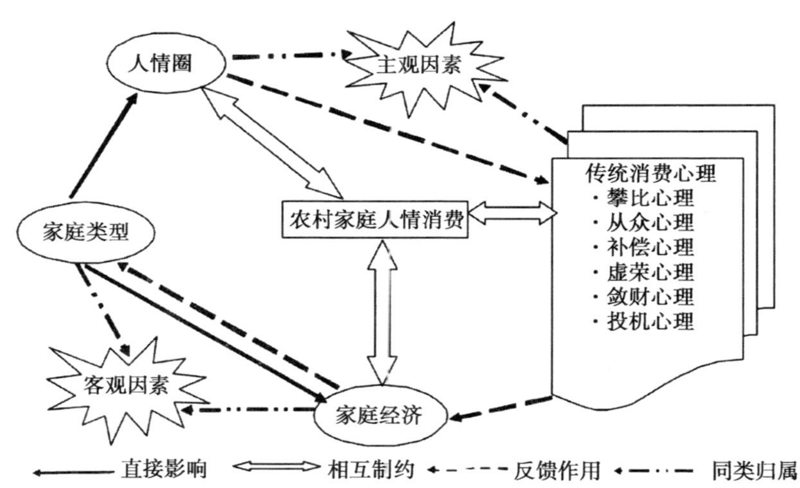

图 2－1 人情消费的影响因素及其关系

图 2－1 中影响农村人情消费的因素分为主观因素和客观因素两类，主观因素包括人情圈和传统消费心理，客观因素包括家庭类型和家庭经济。家庭类型是从社会流动的角度对家庭

进行的分类，可将家庭划分为非流动家庭、半流动家庭和全流动家庭。非流动家庭即家中没有人外出打工的家庭；半流动家庭指部分劳动力就地（或就近）打工，或者季节性外出打工的家庭；流动家庭是全部劳动力就地（或就近）打工，或者常年在外打工的家庭。人情消费和四种因素间的相互关系为：除家庭类型外，人情圈、家庭经济和传统消费心理与人情消费是相互影响的关系。四种因素间的相互关系为：家庭类型直接影响家庭经济和人情圈，一个家庭所处的人情圈对其消费心理具有一定影响，家庭经济对家庭的流动性也具有一定影响。

李祥忠（2008）分析了家庭地位和人情消费的关系，家庭地位影响家庭人情圈的大小从而影响人情消费（李祥忠，2008）。但现有研究只是概念层面的论述，并未实证研究家庭地位对人情消费的直接影响（田维绪，2008；周海英，2008；汲怀远、高燕，2011）。

综观学者们的研究，影响人情消费的因素可归结为五个：人情圈、传统消费心理、家庭经济、家庭类型和家庭地位。

（三）动机和功能

人情消费研究的核心问题是消费的动机和功能。由于人情消费的动机和功能是和研究的理论基础紧密联系的，将在下一章研究的理论基础部分作较为详细的阐述。理论基础部分论述的内容较多，包括现有人情消费研究的理论基础，引入心理账户理论解释人情消费行为的缘由，心理账户理论结合中国文化价值观的必要性等，说明本书选择心理账户理论作为研究视角的缘由，因此独立一个章节进行论述。

（四）消费的模式和特征

金晓彤、陈艺妮和王新丽（2010）随机抽取豫南杨集村100户农民为研究样本，分析和总结了农民人情消费的往来对象、消费的名目及其占比，初步描述了人情消费对礼品选择的影响，如表2-2所示。亲属关系重质量是因为血缘关系是稳定的联系，购买和赠送礼物只是为了维持或增进感情；而对于非亲属，由于中国人特有的面子情结，为了赠礼者和受礼者双方的面子需要，购买礼品时重视价格和品牌。研究还指出，礼品消费最大的特点就是购买者与使用者分离，购买者决定购买何种产品，受礼者获得产品的使用价值。

表 2－2　　人情消费的模式和特征

人情往来的主要对象	频数	百分比（%）	选择礼品时最看重的方面	人情消费名目	频数	百分比（%）
核心亲属	82	90.1	质量	节日送礼	91	100
外围亲属	6	6.5	质量	婚丧嫁娶	86	94.5
乡邻和朋友	36	39.6	价格和品牌	小孩出生	71	78
同事	3	3.3	价格和品牌	升职	2	2.2
				找人办事或帮忙	48	52.7
				孩子升学	17	18.7
				过生日	34	37.4

（五）人情消费分类为后续研究奠定基础

关于人情消费的分类，秦广强和刘军等学者的分类大致相同（秦广强，2006；刘军，2004）。如秦广强的分类是“礼尚往来型”“欠情报恩型”和“工具目的型”。人情消费类型的划分为后续深入的研究和实证研究奠定了基础。“礼尚往来型”的消费动机是为了联络感情，加强联系，如当事人之间互相走动、请客，逢年过节或遇到重大“红”“白”之事时送礼还礼等。“欠情报恩型”是为了在适当时机回报和答谢某人或其家庭在危难困境中获得的他人的救助，该类型的人情消费具有“延时性”特点，也即报答行为并不要求立刻兑现，而是在以后某个恰当的时机予以回报。“工具目的型”是一种有目的的预期性投资，即一方向另一方以请客、提供钱财物品劳动或做出承诺等方式来获得包括信息、信任、帮助、机会等各种稀缺资源（秦广强，2006）。

四 人情圈（人际关系）的分类和测量

对人际关系的分类和测量直接影响人情消费研究的深入和发展，然而营销和消费领域鲜有对人际关系进行测量的研究，相关研究大多基于对人际关系定性的分类。

（一）人际关系的内涵

人情消费在一个网络中进行，我们把这个网络叫作人情圈，也就是人际关系圈。关系的强度是指亲密和信任的程度，其操作性定义是有关系的双方互相了解的程度（Bian，1997；Bian & Ang，1997）。关系的质量指双方亲疏远近的程度（Fu，2006），或者是社会交换活动的质量（Law，2000）。

中国人几乎天天接触人情，人情规则是理解当今农村社会人情现象和村庄社会结构的基础（宋丽娜，2009）。梁漱溟认为，自古以来，中国社会既不是个人本位的社会，也不是社会本位的社会，而是关系本位的社会（梁漱溟，2005）。

（二）中外人际关系和社会结构的差异

中西方社会差异在于社会结构：中国是差序格局的结构，西方是“团体格局”（费孝通，1998）。“团体格局”中每个人在人格上是平等的，每个团体分子和团体的关系是相等的，个人与个人、个人与团体之间的权利义务关系是明确的。差序格局既包含横向的弹性的以自我为中心的“差”，又包含纵向的刚性的等级化的“序”。“差”是指以自我或所在家庭为中心的血缘关系的远近和以交往程度为基础的亲疏；“序”是指人伦的次序，君臣、父子、夫妇、长幼、上下等都有着严格的不可逾越的伦理界限。

（三）中外关系的文化价值观基础和运作方式

在中国，关系的形成主要是由于集体主义的文化规范和亲属关系重于其他一切社会关系的价值观念，集体主义文化的终极价值观是人际关系的和谐（Flora，Kineta & David，2008），关系的核心是父系关系（Fukuyama，1995）。中国文化里，关系是一种特殊的社会治理机制（Luo，2003），这是由中国正式的制度和管理机制缺失造成的（Flora，Kineta & David，2008）。对比西方个人主义情境关系是一个有边界的系统，以不断加深关系为目标；而在西方个人主义情境下，关系性交换是自愿进行的，理性地计算成本收益，以公平和等价为目标（Yang，1994；Nie & Lamsa，2015）。中国文化里维持关系的重要方式是礼物和恩惠（面子）的交换，并借以反映不同的社会关系谱系（Joy，2001）。

关系性交换具有跨文化差异，在中国，关系性交换是频繁的，且多数时候以共同价值观为基础；而在大多数的西方国家，关系性交换通常是脆弱的、不频繁的，不涉及强烈的共同价值观（Vanhonacker，2004）。西方关系营销（Relationship Marketing）和中国关系（Guanxi）具有不同的内在机制，指导中国关系运作的行为规范是人情，并且人情也是信用（相当于西方的信任）走向长期合作导向的中间变量（Wang，2007）。

（四）人际关系的分类和测量

1. 人际关系的分类

人际关系的分类是定性的，具有代表性的分类有 4 种。华人关系主义理论的代表人物黄光国认为理解华人心理的出发点是人际关系，他建立的“人情与面子”模型将人际关系按照“工具性成分”和“情感性成分”的多寡分为“工具性”“混合性”和“情感性”三种，并指出华人根据不同的关系采取三种不同的人际法则处理事情，如图 2 - 2 所示。关系主义是未来研究华人社会行为的主要方向，循着这个方向努力走下去，我们可以发展出华人社会心理学（Hwang，2000）。蒋廉雄、卢泰宏和邹璐（2007）的研究就使用了“人情与面子”模型中人际关系的分类。

部分研究将人际关系划分为亲人、朋友、熟人和陌生人 4 种

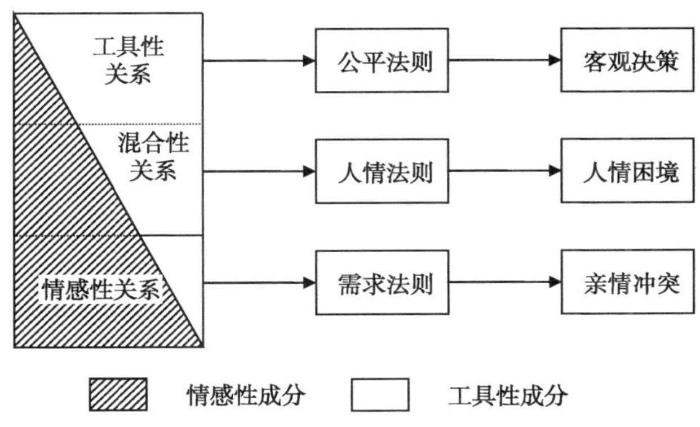

图 2－2　“人情与面子”模型中关系的分类

（孙大强，2008），还有研究将其分为恋爱关系（Romantic Other）、亲密朋友（Intimate Friends）、“只是朋友”（Just Friend）和“招呼朋友”（Hi－bye Friends）的关系谱系（Joy，2001）。

国外学者按照亲密程度将人际关系（Relationship）对象分为 6 种，从强到弱依次为近亲、远亲、伙伴、朋友、同事和熟人（Parsons et al.，2011）。

2. 人际关系的测量

任敏（2009）提出了关系强度的测量思路，但并没有开发出相关量表。研究提出可以通过交往频率或者交往双方的关系束构成来评估。交往双方的关系束内所包含的关系越多，关系距离越短，则两者间的关系强度越大。关系束的分析可以解释为什么平时并没有什么交往的两人却可能在“关键”时刻伸手相助（陈成文、陈立周，2007；何蓉，2007）。

Wang，Mohammed 和 Kau（2007）的一项研究开发了中国文化价值观测量量表，以测量其对消费者礼物购买的数量、花费的时间，以及品牌购买倾向的影响。其中对关系的测量只有一个维度，比较简单，适用性有限。其测量关系的量表如表2－3 所示。

然而，组织管理领域有成熟的人际关系量表可供借鉴。组织管理研究领域有 4 种知名的人际关系测量量表（Law，2000；Chen et al. , 2009；Chen & Peng，2008；Scandura & Graen，1984）。

Law（2000）开发的量表包括6个题项，6个题项如表2-4所示，从表中可见，虽然包括工作和非工作场合的测量，但总体来说，问题较少，结构简单。

表2-3　　中国文化价值观量表中关系的测量

关系（Guanxi）	我宁愿自己做事情而不是依靠与他人的关系
	我相信，与个人努力相比，更多地依赖关系更易成功
	我想在不同的地方要尊重不同的风俗
	我相信“关系”的发展在日常生活中是必要的
	我喜欢与他人保持良好的关系
	当在罗马，入乡随俗

表2-4　　Law的关系量表

关系（Guanxi）	节假日或下班时间，我会给上司打电话或拜访他/她
	我的上司邀请我到他/她家里吃午饭或晚饭
	在生日这样的特殊场合，我一定会拜访上司并给他/她送礼物
	我总是主动和我的上司分享我的想法、问题、需要和感受
	我了解上司的家庭和工作条件
	当存在对立观点，我一定站在我上司一边

Chen和Peng（2008）开发的量表，主要是测量同事间工作关系的亲密程度，包括9个题项。如表2-5所示。

表2-5　　工作关系量表

工作关系（Work Relationship）	我们互相理解
	工作中我们互相支持
	工作中我们顾及对方的利益
	工作中我们尊重对方的观点
	我们就工作中的问题良好沟通
	我们有相似的个性
	我们有相似的兴趣和爱好
	我们互相信任
	我们总是考虑对方的利益

Scandura 和 Graen（1984）开发的量表，主要测量上司下属间工作场合的关系，测量上司和下属间沟通质量的好坏，包括 7 个问题，如表 2 –6 所示。

表 2 –6　　沟通质量量表（LME）

上司下属沟通质量（Leader-Member Exchange（LME）Scale）	你总是知道直接领导对你的工作是否满意
	直接领导知道你的问题和需要
	直接领导知道你的工作潜力
	直接领导倾向使用个人权力帮助你解决工作中的问题
	直接领导使用个人资源帮助你摆脱工作困境
	你相信直接领导会做出正确的决策
	你和直接领导工作中的关系满足下面哪个特征

Chen 等（2009）开发的量表主要测量公司内部上司和下属的关系，既包含工作场合关系也包含非工作场合关系，非工作场合关系既包含情感成分也包含工具成分，且具有情感依恋关系、生活卷入关系和工作顺从关系三个维度，是全面测量人际关系的量表且被多数研究中国关系的学者使用。又由于多数中国人建立工作和职业联系是基于新伙伴而非既定的亲友关系（Chen & Chen，2004），公司内部上司和下属关系是现代人际关系中重要的关系。因此，我们认为经过删改和信度、效度的检验，Chen 等（2009）的量表能够满足我们的研究目的。

Chen 等（2009）关系量表的三个维度分别为：情感依恋关系，指情感沟通、理解和任何情况下互相关注的意愿；生活卷入关系，指上司和下属卷入对方私人或家庭生活的程度；工作顺从关系，是指下级顺从和服从上司的程度，如表 2 –7 所示。

表 2－7　　人际关系测量量表

请在下列叙述的右边打√，选出您的同意程度	非常不同意	不同意	有点不同意	有点同意	同意	非常同意
情感依恋关系						
我的上司会和我分享工作生活中的思想、观点和感受						
和上司沟通时我感到轻松和自然						
我会感到难过如果我的上司决定去另外一家公司工作						
如果我的上司个人生活中有困难，我会尽力去帮他/她						
生活卷入关系						
我愿意帮忙处理我上司的私事						
下班之后我的上司和我会打电话或互相拜访						
非工作时间，我的上司和我会有不涉及工作的社交活动，如一起吃饭或者其他娱乐						
我了解上司的家庭组成情况						
工作顺从关系						
工作中我会无条件地服从上司的命令						
工作中当我和上司意见不一致时，我仍然服从他/她的决定						
工作中我和上司目标有冲突时，我会放弃个人的目标达成上司的目标						
工作中我不会私下做出不利于上司的事						

总之，营销和消费领域鲜有对人际关系进行测量的量表，相关研究大多基于对人际关系简单的定性分类，而组织管理领域有成熟的比较全面测量人际关系的量表可以借鉴。

五　礼金消费相关研究

本书中的礼金消费是指有关系的双方人情往来中货币的交换，是一个中国本土化的课题，不同于国外的礼品消费研究。礼金消费是目前农村人情消费中最重要的一种形式，礼金确定是人情消费中的一个基础和首要的问题，已有研究虽从经济学的角度运用博弈论等方法进行了分析，但是缺乏实证支持（宁一非，2008；胡芳肖、屈克林、黄萃，2009；卢嘉瑞，2008），也没有考虑人情消费影响因素，如当地礼金风俗、人际关系等的影响，更没有引入心理账户理论对人情消费心理预算形成机制进行分析。

刘军（2004）将人情消费定义为在自愿情况下因为人际关系而非自身的直接消费支付给他人的支出，该定义将人情消费直接等同于礼金消费。他认为人情消费事实上是收入的第三次分配，首次分配是市场分配，第二次分配是政府通过行政手段进行的分配，农村的人情消费实质是一种特殊的资源分配和财富转移的方式，分配的结果是财富从子女较少的农户转移到子女较多的农户家庭。他的研究使用了经济学博弈论分析的方法，得出的结论是：礼金数目的多少由关系的远近决定，受家庭收入的影响不大；总体来看，每户收到的礼金少于送出的礼金，其差额主要是用于酒席宴请的资金；礼金不断攀升是因为没有人愿意承担改革的成本，退出人情圈可能导致受歧视，不能得到正常人情往来带来的情感和其他方面的好处，以及攀比等其他成本；提出了启用民间组织削减人情消费的规模，使农民人情消费水平与收入水平相适应的建议。

李玉珍、李恩和潘鸿（2008）的研究指出，在实际人情往来中，礼金数目的多少反映了出礼人和收礼人对二人情谊深浅程度的认识。出礼人倾向于不论对方怎么看二人间的情谊，他都会选择数目较大的礼金，传递自己对与收礼人之间情谊的重视，以巩固和维持与收礼人的关系；对于收礼人，把情谊“看浅”是占优策略，不论赠礼人礼金数目的多少，收礼人都倾向于低估二人间的感情，告诫自己不要自作多情。因此，初始礼金总是被定格在较高水平，人情被迫“变味”。

礼金消费在现代农村已经取代礼品消费成为人情消费中占比最大和最主要的一种形式。当前农村人情消费呈现出“三高”特点：送礼频率高，单次礼金绝对数量高，礼金消费支出占农民年收比重高（胡昌方，2001）。陈云（2005）指出单次礼金消费数目的确定是礼金消费中的首要问题，文中将礼金消费过程分为初次送礼和还礼两个阶段，并采用动态博弈分析的方法得出农民的优势策略是不少于对方送给自己的礼金数量，这种礼金刚性的作用导致礼金不断攀升，攀升到一定程度，即成为农民名副其实的负担。为了平衡礼金的支出和消费，在礼金刚性的作用下，也就是单次礼金数目不能递减的情况下，农民可能会设法增加收礼的机会，如此导致了人情消费名目越来越多，早已超出了婚丧嫁娶等基本项目。

Webley 和 Wilson（1989）调查了钱作为礼物在相对地位和亲密程度不同的关系中被接受的程度。以学生为样本，要求他们回答愿意为某种特定关系的人花多少钱购买一份礼物或者送多少礼金，并对各种可能的礼物形式被接受的程度排序。研究发现，关系的亲密程度决定了购买一份礼物的花费，而相对地位的高低决定了钱作为礼物被接受的程度。不管关系如何，钱的接受程度是所有可能的礼物中最低的，当赠礼者比受礼者地位更高时，赠礼者倾向于选择礼品作为礼物，反之，当礼物接受者比送出者有更高的地位时，赠礼者倾向于选择礼金作为礼物。

Burgoyne（1991）的研究揭示了使用钱作为礼物是存在限制的。以 92 个英国本科生为样本，调查他们接受和赠送圣诞礼物时的心理。使用相关分析方法对调查结果进行处理后的结果表明，对于任何确定的关系，礼物必须携带传达双方亲密程度的有意义的信息，或者传达赠礼和受礼的双方的相对地位的信息。与礼品相比，礼金被发现缺乏必要的传达亲密关系信息的属性，并且有可能传递不恰当的关于双方相对地位的信息。

六 礼品消费相关研究

根据文献，人情消费是赠礼行为“中国化”的命题，除去中外文化价值观差异，礼品消费类似于“礼尚往来型”人情消费的物品交换。现有礼品购买决策文献多数是关于各种因素对礼品决策偏好的影响，主要从消费者选择或偏好的视角进行研究。

（一）礼品消费的中西方差别

由于历史文化和社会结构等方面的差异，国外没有直接的人情消费研究，其类似的概念是礼品消费（Gift-giving，Gift Consumption）。礼物交换普遍存在于大多数文化中（Mauss，1954），在西方学者眼里，中外赠礼行为区别在于中国独特的文化和价值观。事实上，国外学者（多为在国外的华人学者）对中国赠礼行为的研究加入了中国特有的文化变量（人情、关系、命、互惠主义、面子等）对赠礼消费的影响。

Yau（1999）的实证研究考察了面子、互惠和关系对消费者行为的影响。Wang（2001）在 Yao 的基础上发展出包含十一个方面的测量中国消费者价值观的量表，面子、关系、礼尚往来、归属感、兴奋、良好的人际关系、被他人尊重、自我实现、安全感、自尊和成就感，对中国内地的城市和农村居民赠礼的对象、时机、动机等进行对比研究。Wang（2001）在中国春节前两周（2000 年 2 月 5 日）收集数据，农村居民的调查是对进城务工的农民工进行的，分别在广东省的高明市和东莞市调查 90 人和 36 人，当他们在工地休息时被要求参与调查；对城市居民的调查是对北京 133 名中产阶级消费者进行的，采用了传统的购物中心拦截调查的方法。其研究结论指出：中国内地城市和农村居民送礼行为没有显著差异，送礼行为的显著差异存在于送礼的对象，与受礼者关系的亲疏远近显著影响送礼行为，并且面子和礼尚往来对近亲和亲密朋友间的送礼行为和关系维系的影响也不显著。其中对中国消费者价值观的测量如表 2 - 8 所示。

表 2 - 8　　中国消费者价值观的测量

维度	题项
面子	通过赠送礼物给你所爱的人你挣到了面子
关系	通过赠送礼物给你所爱的人你可以获得认同
礼尚往来	你把礼物给你爱的人之后，你希望他们报答
归属感	你相信你爱的人需要你的礼物
兴奋	送礼是令人兴奋的
良好的人际关系	送礼物给你爱的人建立亲密关系
自我实现	给你爱的人送礼物是一种得到心灵安宁的方式
被他人尊重	送礼给你爱的人是一种获得尊重的方式
安全感	你认为自己有义务给所爱的人礼物
自尊	赠送礼物给你爱的人你觉得骄傲
成就感	通过赠送礼物给你所爱的人你可以传达你是成功的这一信息

Wang，Razzaque 和 Keng 在研究中国文化价值观对中国天津村民新年礼物购买的影响时，开发了中国文化价值观的测量量表，中国文化价值观包括人情（Renqing）、关系（Guanxi）、缘（Yuan）、互惠（Reciprocity）、家庭倾向（Family Orientation）和面子（Face）。其中，人情的测量量表如表 2 - 9 所示。

表 2 - 9　　人情测量量表

人情（Renqing）	我不喜欢欠别人人情
	我不觉得有义务归还某人人情
	很容易偿还债务，但很难偿还人情
	偿还人情比偿还债务更紧急

早在 1922 年，国外学者就已经开始研究礼品消费，Malinowski 第一次提出了礼物与商品是两极化的概念，抽象一点讲礼物就是交换的货物（Foa E. B. & Foa V. G. , 1967）。国外学

者从各个领域对礼品消费进行了研究，主要集中在消费的意义、动机、模式、影响因素及因素间关系（Sherry，1983；Wang & Razzaque，2007），此外还有跨文化的研究（Joy，2001；Chan & Wan，2009）。

马赛尔·莫斯（Marcel Mauss）的《论馈赠》的发表（1924）使“礼物”成为人类学的关键概念和热点话题。马赛尔·莫斯在书中提出赠礼是一系列的交换，在一种社会力量驱使下和一个具有三重义务的社会逻辑中进行，这便是给予、接受和接受之后必须以同一物或同等价值的物回赠。“礼物”被当作一种象征物被用来馈赠，赠礼的本质是“社会的流动”。

在此之后礼物的功能被总结为：沟通、社会交换、经济交换和社会化（Belk，1979），礼物交换在沟通中具有象征性的维度，从而成为社会责任和政治操纵的工具（Schieffelin，1980）。雪莱的《人类学视角的赠礼行为》一文被学术界当作“礼物”研究具有里程碑意义的文章（Sherry，1983），被后续研究大量引用。雪莱在系统全面总结前人研究成果的基础上，从社会、经济和个人三个层面论述了礼物的形式、内容和功能；其礼物交换过程模型分为三个阶段：酝酿阶段（礼物的搜寻和购买）、执行阶段（礼物的实际交换），以及重构阶段（礼物的处置和关系的重新定义），该模型的提出为后续系统深入研究礼物和实证研究奠定了基础。

中外消费者赠礼行为并无很大不同，尤其是伴随着中国的改革开放，大量国外产品和品牌以及节日文化（纪念日和公历新年）涌入中国后，中国独特的文化价值观与西方价值观日渐相互融合，中外礼品消费者产生了相同的赠礼动机，只是这些动机的实现在不同文化间有所区别（Wolf，1999；Wang，2001）。郑玉香、薛珈（2011）指出：西方礼物相较于中国礼物，其是人与人之间情感的纽带，消费动机是出于文化和心理的需要，商业目的性不强。

（二）礼品消费决策的内容

礼品购买决策的因变量是指礼品消费决策的内容，主要是品牌的选择，购买礼物的数量、选购的卷入度和花费的时间，礼品的质量、功能和价格，等等。

根据 Bauer，Sauer 和 Becker（2006）的研究，产品卷入度是指消费者基于内在需要、价值观和利益，对于某客体的感知关联性。根据消费者对产品卷入度的差异，购买决策的类型被分为延伸的、限制的、习惯型的和冲动型的。在延伸的购买决策类型中，消费者对卷入度有强烈的认知，仔细评价和选择各种可替代的商品；在限制的购买决策类型中，消费者对卷入度的认知程度降低，评价和选择商品的努力减少；消费者在熟悉产品资料，有过满意购买经历后的例行购买属于习惯型决策；需要极少卷入度和认知努力，突然产生强烈购买意愿的是冲动型决策。产品卷入度的高低通过象征性、重要性和娱乐性三个维度衡量，每个维度有 3—5 个测量题。

礼品的特征最早由 Belk（1979）描述为实用的、娱乐性的等 13 个特征，随后 Solomon（1983）在《象征互动视角下的产品角色》，Park 等在《战略品牌理念形象》的论文中使用这些特征并将它们具体化（Park，Whan，Bernard & MacInnis，1986）。著名品牌学者 Keller 在《概念化、测量和管理基于顾客的品牌资产》一文中使用了与上述特征相似的词来表达品牌联想的利益，并将其归为象征性、体验性和功能性 3 类礼品品牌联想利益（Keller，1993）。

Parsons（2011）综合以上学者的研究成果总结了受礼人寻求的礼品利益特征并编制了礼品利益测量量表，把受礼人寻求的礼品利益分为象征性、体验性和功能性 3 类，各类利益的测量项目如表 2－10 所示。

表 2－10 礼品利益测量量表

潜变量	题项（观察变量）：当您为某情境（略）而购买一件礼物，相较于一般礼品，您会购买（ ）？
象征性利益	更时尚新潮的品牌
	更代表身份地位的品牌
	更高知名度家喻户晓的品牌
	更严谨负责任的品牌
	更代表传统美德的品牌
	更广泛认同的品牌
	更顶级的国内或国外品牌
体验性利益	更有趣的品牌
	更不常见不普通的品牌
	更让人兴奋的品牌
功能性利益	更适用的品牌
	更实用的品牌
	更高性价比的品牌

Andrus，Silver 和 Johnson（1986）以服装企业为例研究消费者选购礼品时的品牌偏好，得出的结论是消费者愿意为高价位服装品牌（时尚的、代表身份地位的）支付 20% 的溢价，作为礼品购买时，为降低受礼者可能由于低估礼品象征性价值从而对双方关系造成影响的风险，而愿意购买高品质的服装品牌，并且倾向于在高档场所购买。

Wang，Razzaque 和 Keng（2007）研究发现中国的文化价值观、人情、面子、关系和缘分显著影响赠礼者购买礼物的卷入度、数量和品牌倾向，其中品牌倾向涉及品牌的名称和知名度，以及是否偏好中国品牌这 3 项内容。

张喆、张知为（2013）以认知一致性理论为基础，研究了赠礼情境下自我构念对品牌显著度偏好的影响，当赠礼者和收礼者的时尚地位一致时，赠礼者相对发达的互依自我与对品牌显著度的偏好不相关；当二者时尚地位不一致时，自我构念影响品牌显著度偏好。

蒋廉雄、卢泰宏和邹璐（2007）的研究中礼品购买决策的内容包括：产品的价格、品牌、质量和时间。对于工具性关系的受礼者，赠礼者偏好昂贵品牌；对于混合性关系，价格因子和知名品牌因子得到重视；对于情感性关系，则昂贵品牌和高知名度品牌因子的得分均值都低于质量和时间因子，也就是送情感性关系的受礼者，消费者注重礼品内在属性质量并且投入较多时间选择礼物。

（三）人际关系对礼品决策的影响

文化背景和运作机制的差异导致了中外关系的分类界限及其对消费者礼品决策的影响不同。中国的关系（Guaixi）和西方的关系（Relationship）具有不同的内涵，关系在中国具有独特的含义，人情是指导关系运作的行为规范，是从信任、信用走向长期合作的桥梁（Wang，Razzaque & Keng，2007），人情消费是中国关系消费的一种形式（Bradley，2011）。

人情是关系建立和保持的内在机制（Shi，Zheng & Chan，2011）。以保险行业为例，以中国 245 个汽车保险投保人为样本，Shi，Zheng 和 Chan 力图通过实证研究获得人情的内隐性质和潜在运行机制，研究结论表明，人情倾向和自尊都影响汽车保险业销售员的销售行为（通过投保人的回答），人情倾向在关系投资对关系承诺的影响中具有显著的调节作用，该研究对如何建立和提高中国客户的关系承诺提供了有价值的见解和建议。

Liu，Lu，Liang 和 Wei（2010）基于自我构念一致性的理论研究礼品购买决策，在中国四个城市进行大样本的调查，送礼行为、购买意愿和消费者自我一致性构念分别由相应的量表来测量，中国传统文化价值观包括儒家思想、佛教和道教，使用因子分析和层级回归分析来分析数据。研究表明中国传统的文化和价值观显著影响礼品购买决策，高文化价值倾向（文化价值观得分高）的消费者更偏好礼物的自我形象和受礼者形象的一致性。中国特有的文化变量对消费者行为的影响主要差别在于亲属和非亲属之间（Wang，Piron & Xuan，2001）。

Parsons（2002）将关系（Relationship）对象分为5种，依次为近亲、远亲、老板、朋友、同事或熟人，在一个中等城市通过电话调查获取了250个18岁以上的消费者样本，研究发现，越亲密（近亲）的关系越偏好收到体验性礼品；越疏远（远亲）的关系越偏好收到功能性礼品；不同关系的对象对三种不同的品牌利益偏好不同，如表2－11所示。

表2－11　关系和品牌联想利益

品牌联想利益	老板	同事或熟人	近亲	远亲	朋友
更时尚新潮的品牌	—	—	2.60（L）	3.18（U）	—
更代表身份地位的品牌	2.77（L）	—	—	—	2.22（L）
更高知名度家喻户晓的品牌	—	—	—	—	—
更严谨负责任的品牌	2.65（L）	—	—	2.67（L）	3.76（U）
更代表传统美德的品牌	—	—	—	—	3.38（U）
更广泛认同的品牌	—	—	2.48（L）	—	—
更顶级的国内或国外品牌	2.63（L）	—	—	2.73（L）	2.24（L）
更有趣的品牌	—	—	2.44（L）	—	—
更不常见不普通的品牌	—	—	2.83（L）	—	2.68（L）
更让人兴奋的品牌	—	—	2.77（L）	—	2.59（L）
更适用的品牌	2.63（L）	2.80（L）	—	2.58（L）	—
更实用的品牌	2.78（L）	—	—	2.77（L）	3.80（U）
更高性价比的品牌	2.69（L）	—	2.52（L）	—	2.58（L）

注：①当某个题项的均值与中间值（3）在0.05的水平上差异显著时就显示在表格中（没有显著差异则用“—”表示），“L”表示显著低于3，“U”表示高于3；②题项表述为：当您为某对象（老板等）购买一件礼物，相较于一般礼品，您会购买（　）？1＝非常同意，2＝同意，3＝既不同意也不反对，4＝不同意，5＝非常不同意。

Parsons（2011）又研究了与赠礼者的关系对受礼者期望的礼品利益的影响。通过电话调查了250名18岁以上的消费者对生日礼物的偏好，与2002年的研究的区别主要在于：这次研究的是受礼者对礼物的偏好，而先前研究的是赠礼者对礼品的偏好；先前研究对关系的分类是按照关系的性质分类，而本次研究则综合考虑关系的性质、强度和持续的时间，使用10点量表让被调查者从1—10之间选择一个答案；先前研究对结果的统计分析方法是均值比较，是各个题项的均值得分与中间值（3）的比较，而本次研究使用了典型相关分析的方法，对二组变量的相关关系进行分析，其中一组是关系（性质、强度和长度），另一组是礼品的联想利益（象征性、体验性和功能性利益）。研究结果表明：与赠礼者的关系越亲密，受礼者越偏好收到表达象征性联想的礼品；与赠礼者的关系强度越大（不受关系持续的时间限制），受礼者越偏好收到功能性利益的礼品；与赠礼者的关系强度大并且关系持续的时间较长时，受礼者对礼品的象征性和功能性利益偏好大于体验性利益。

礼品消费最大的一个特点就是购买者与使用者分离，购买者往往成为中间传递者，并不直接使用产品，真正获得其使用价值的是受礼者。选择送给亲属礼品时最看重的方面是产品的内在属性，质量和功能，送给非亲属则偏好产品的外在属性，价格和品牌（金晓彤、陈艺妮、王新丽，2010），这与西方研究（Parsons，2011）的结论明显不同。

（四）动机的分类及其对礼品消费的影响

赠礼的动机决定了消费者的购买行为（Wolfinbarger，1990；Goodwin，1990；Otnes，1993）。康摩特（Komter，1997）探讨了亲属及友谊关系在送礼行为过程中所呈现的情感成分，其送礼动机以无私为出发点，对于收礼者礼物回送的时间、品质、数量都没有任何约束。Wolfinbarger（1990）将送礼动机划分为3种，利他的（Altruistic）、利己的（Self-interested）和社会规范的（Norm）。Goodwin将送礼动机分为自发的（Voluntary）和义务的（Obligation）两种，义务的包括回赠和节日送礼。Otnes等按动机差异将赠礼者分成了6类：取悦者、提供者、补偿者、社交者、致谢者和躲避者。雪莱（Sherry，1983）在其开创性论文——《人类学视角的赠礼行为》一文中，将送礼动机划分为两种：利他的（Altruistic）和利己的（Agonistic）。

Joy（2001）根据动机差异将礼品类型分为情感型礼品和工具型礼品。以中国香港消费者为研究对象，发现礼物消费中存在恋爱关系（Romantic Other）、亲密朋友、“只是朋友”（Just Friend）和“招呼朋友”（Hi－bye Friends）的礼物谱系，对于前两者，互惠范式不起作用，礼物作为亲密关系的可见标记，情感性成分多，而后两者遵循义务和互惠的社会规范，工具性成分多，看重财物和仪式，送礼的关键是表达尊重。

国内人情消费学者按照动机差异把人情消费分为“礼尚往来型”“欠情报恩型”和“工具目的型”（秦广强，2006）。刘军、邳建雄（2004）将礼金消费分为“礼尚往来型”“相互资助型”和“灰色支出型”。

综合以上学者的研究，本书认为中国村民最基本的送礼动机可抽象为情感性动机和工具目的性动机，前者指建立和保持关系，后者可以是找人办事或为达到某种功利性目的之类的动机。

（五）赠礼情境对礼品购买决策的影响

送礼情境（场合）会对礼品购买决策产生影响，Wolfinbarger和Gilly（1996）把送礼情境分为经历性情境和经过性情境（Rite of Progression/Passage），前者指频率低、规模大的事件，比如婚礼生子等；后者指频率高、规模小的事件，比如过年过节等经过性送礼场合。研究表明与人生经历性情境相比，赠礼人对人生进行仪式的礼品选择花费了更少的时间和精力。Belk和Coon（1993）认为礼品选择时间影响礼品购买决策，购买者对礼物的重视程度会影响其对礼品选择的卷入度（Belk，1981；Laroche et al.，2000）。

（六）影响礼品购买决策的其他因素

Tina（2004）的研究表明赠礼行为还受第三方——社会网络成员的影响，是一种社会关系的反映。对圣诞节送礼者进行跟踪和多次对比的纵向研究，发现送礼并不只是赠礼者和受礼者之间的事，赠礼者选择礼物给受礼者还会受到第三方——社会网络成员的影响，表面上看似具有个人性质的礼物实际上反映了赠礼者与社会网络中其他成员的关系，即社会关系影响礼物交换。Giesler（2006）指出了以往双向的礼物交换研究模式的不足，提出了消费者礼物系统（Consumer Gift Systems）概念，礼物系统的基本特征是社会区隔、互惠规范、仪式和象征意义。

此外，影响礼品购买决策的因素还包括受礼者的态度和类型（Otnes et al.，1993）、时间限制（Belk & Coon，1993）、购买礼物的数量多少（Komter & Vollebergh，1997），以及赠礼者的收入（Garner & Wagner，1991）、年龄（Otnes et al.，1993）和性别（Caplow，1982）等，对于商业礼品而言，影响因素还包括购买礼物的预算（Beltramini，2000）。

七 人情消费研究的简要评述

人情消费是一个复杂的现象，学者们从各种学科多角度展开研究，取得了比较丰富的成果，但相关研究大多基于人际关系的简单定性分类，鲜有对人际关系进行定量测量的研究。定性的文献较多，定量的较少且定量研究多限于描述性统计分析。

（一）已取得的研究成果和研究不足

（1）明确了人情和人情消费的含义。如前所述，人情包括三个方面的意思，人情消费是一种礼仪性的往来，受文化和价值观以及社会结构的影响。

（2）从概念层面阐述了人情消费的影响因素，以及部分因素之间的关系。但学者们给出的影响因素数量不同，并不统一，并且也缺乏实证分析和数据的支撑。

（3）引入了西方的社会资本（社会网络）、社会交换、功能主义和有限理性等理论来解释人情消费，但正如翟学伟等所说，西方理论并不完全符合中国现状，该领域的研究没有放在中国特定的文化背景下，没有和中国特定的价值观相联系。

（4）对城乡居民人情消费的现状进行了描述和反思，对人情消费的心理因素进行了剖析，并提出了规范人情消费的对策。但缺乏对人情消费礼金不断攀升原因的深入探讨，也没有研究礼金流动最后的去向，以及对农民收入的长期影响，是有利于调整抑或是加剧了贫富分化。

（5）对人情消费的模式和特征进行了研究。如人情消费具有礼品的购买者和使用者分离的特征，给亲属购买注重质量和功能，为非亲属购买则更注重价格和品牌等。但这些研究还停留在理论层面的分析，缺乏相关的实证研究，并且购买决策的模式还可以细化，比如亲属可以进一步分为近亲远亲，品牌可以分为昂贵品牌、知名品牌和奢侈品牌，等等。此外，还可以引入国外礼品属性量表来测量中国消费者礼品购买的品牌联想偏好。

（6）对人情消费进行了分类，但并没有就不同类别的人情消费进行深入研究。该领域内定性研究多，定量研究少，且定量研究多数仅限于描述性统计分析；学者们多从各自所在的学科视角展开研究，缺乏跨学科的综合全面考虑人情消费各影响因素的研究。

（7）虽有中国农村人际关系特征和格局的研究（主要在社会学文献中），对农村的人际关系和社会结构进行了阐释，但缺乏对人际关系的有效测量，人际关系对人情消费行为影响的实证研究较为匮乏。

（二）有待研究的课题

（1）传统人际关系的“差序格局”是人际关系定性分类的

基础，“差序格局”多元化理性化后，这种简单定性的分类已经不能满足人情消费研究的需要，现代人际关系需要新的分类或测量方法。

（2）引入或开发对人际关系进行定量测量的量表，为人情消费领域深入的定量研究奠定基础。

（3）在中国文化背景下，结合中国国情和价值观研究人情消费。

（4）对影响人情消费的因素进行系统的全面研究，并辅以问卷或者实验法等定量方法加以检验。

（5）在人际关系定量测量的基础上，可以开展人际关系对人情消费意愿的影响，以及影响机制的实证研究。

（6）在人际关系定量测量的基础上，可以开展人际关系对礼金消费决策影响的实证研究。还应该验证在各种典型送礼情境下，这种影响的稳定性。

（7）在人际关系定量测量的基础上，可以开展人际关系对礼品消费决策影响的实证研究。如人际关系如何影响消费者购买礼品时对产品属性的偏好，如何影响消费者购买礼品的卷入度。

（8）区别人情消费的不同类型，对不同类型的人情消费进行深入的研究。

第二节　心理账户理论研究相关文献述评

一　国外心理账户的相关研究

（一）“心理账户”理论的提出

Thaler 在 1980 年第一次提出了“心理账户”（Psychic Accounting）的概念，开创了国外心理账户研究的领域。但根据文献，对此概念有贡献的学者还有 Kahneman 和 Tversky 等

（Kahneman & Tversky，1981）。按照 Thaler 教授本人的说法，他在行为科学领域做研究时，看到 Kahneman 和 Tversky 的前景理论（Prospect Theory）就像一个在黑暗中摸索的人看到了明灯。Thaler（1985）将前景理论中的价值函数（Kahneman & Tversky，1979）作为心理账户的计量依据，以此深入探讨心理账户的价值运算如何影响个人的经济决策行为，并于当年正式提出“心理账户”理论（Mental Accounting）。

认识心理账户理论需要了解 Kahneman 教授的音乐演唱会实验。1981 年，Kahneman 教授在其音乐演唱会实验中，要求被试回答 2 种不同情境下的选择。A 情境是：假设你打算今天晚上去听一场票价是 200 美元的音乐会，临近出发时，你发现丢失了刚买的价值 200 美元的电话卡，请问你是否还会去听这场音乐会（调查对象为 183 人）？B 情境是：假设你昨天买了一张今天晚上的音乐会票，价值 200 美元，临近出发时发现你把票丢了。如果想听音乐会，你必须再花 200 美元重新购票，请问你是否还会去听这场音乐会（调查对象为 200 人）？实验结果为：A 情境下 84% 的被试选择去听音乐会，而 B 情境下只有 35% 的被试选择去听，65% 的被试放弃听音乐会。为什么丢失了演唱会门票的大多放弃了观看演唱会，而丢失了等值 200 美元电话卡的没有放弃观看演唱会。在同等价值的金钱损失情况下，人们的行为选择为什么完全不同？

Kahneman 的解释是人们内心存在“心理账户系统”，在估价一个选择的得失时，把相同价格的钱放在不同的心理账户里运算。1985 年萨勒教授用“心理账户”的估价过程对此给出了进一步的解释，人们在消费决策时把过去的投入和现在的付出加在一起作为总成本来评估决策的后果，并且不同类别的消费支出账户具有非替代性。也就是说，丢失演唱会门票者如果重新购票，那么观看演唱会的支出达到 400 美元，而对于丢失电话卡者而言，观看演唱会的支出还是 200 美元，因此前者估价观看演唱会太贵而放弃。

Thaler（1985）在其发表的《心理账户与消费者行为选择》一文中正式提出“心理账户”理论，系统地分析了心理账户现象，研究指出：小到个体、家庭，大到企业集团，都有或明确或潜在的心理账户系统，这种心理账户系统在决策时运算方式和记账方式与经济学和数学都不相同。从本质上说，“心理账户”是人们在心理上对结果（尤其是经济结果）的记录、估价、分类和编码的过程，它揭示了人们在进行（资金）财富决策时的心理认知过程（Thaler，1985；Kahneman & Tversky，1984；Henderson，Peterson & Robert，1992）。

（二）心理账户的运算规则和本质特征

Thaler 列举了 4 个典型现象阐明心理账户对传统经济规律的违背，并提出了心理账户的“非替代性”（Non-funigibility）本质特征（Thaler，1985）。4 个典型现象分别指人们在心理上倾向于将两笔盈利分开，将两笔损失整合成一笔，把大盈利和小损失整合在一起，以及把小收益从大损失中分离出来。后来有关心理账户的研究中把这 4 种心理运算倾向称为心理账户的“得失”编码规则。心理账户的“非替代性”（Non-funigibility）本质特征，是指个体会把经济学意义上可完全替代的金钱划分成不同性质的多个分账户，而每个心理账户中的钱具有不同的功能和用途，彼此之间不能替代（Kahneman & Tverksy，1984；Thaler，1985，1999；Heath & Soll，1996）。

本书认为心理账户的运算规则之所以与经济或者会计账户不同，从根本上来说是由 Thaler 引入的价值函数（Value Function）决定的，价值函数区别于经济学中的效用函数（Utility Function）。价值函数有三个基本特征，分别是参照点效应（Frame of Reference）、损失规避（Loss Aversion）和敏感性递减（Diminishing Sensitivity）。

（1）参照点效应：人们对同一决策结果的得失评价是基于

一个参照点或参照水平的，而非某个特定的绝对水平。这个参照点可能是过去或者现有的财富水平，也可能是对未来的预期水平，大于参照水平的结果被评估为“获得”，小于参照水平的结果被评估为“损失”。如图 2－3 所示，图中两坐标轴的交点即是参照点，a_1和 a_2被评价为得，b_1和 b_2被评价为失。

（2）损失规避：同等价值的损失带给人们的痛苦大于同等价值的收益带给人们的快乐。如图 2－3 所示，V（b_1）的绝对值大于 V（a_1），V（b_2）的绝对值大于 V（a_2），左边损失曲线比右边获益曲线更陡峭，斜率更大。这也解释了为什么人们在面临损失时，表现为风险偏好，而面临获得时，表现为风险规避。

（3）敏感性递减：无论是右边的获益曲线还是左边的损失曲线，其效率都有趋于平缓的趋势。也就是说对于离参照点（两坐标轴的交点）越近的差额人们越重视和敏感，对于离参照点越远的差额人们越不敏感越容易忽视。

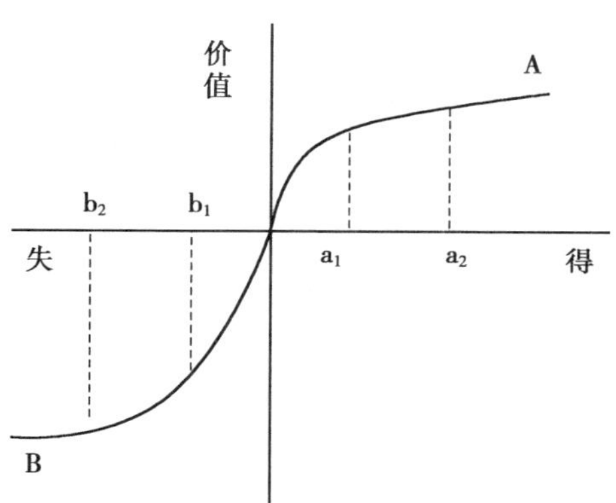

图 2－3　心理账户价值函数

（三）心理账户理论的组成部分及应用领域

Thaler 于 1999 年对其心理账户的相关研究进行了总结，指出心理账户由三个重要部分组成。一是人们对决策结果的评价是基于得失的综合感知和体验，感知价值（Peceived Value）包括感知交易效用价值和感知获取价值；二是账户的分类管理，各账户资金的来源和支出分类控制，相互间不可替代；三是各个账户的平衡和计算，各账户的计算和平衡可以以每天、每周或者每年为单位进行（Thaler，1999）。

心理账户的概念主要被运用在金融投资领域和消费领域。如金融投资领域的行为资产组合理论，消费者行为领域的行为生命周期理论（Shefrin & Thaler，1988），消费者心理预算及交易效用的研究（Shefrin & Thaler，2006）。人们在心理运算过程中并不是追求理性认知上的效用最大化，而是追求情感上的满意最大化（Thaler，1985）。心理账户影响经济行为和个体消费行为。家庭在消费不同种类商品时明确使用心理账户，且汇款收入和其他收入相比有更低的边际消费倾向（Davies Simon，Easaw Joshy，Ghoshray Atanu，2009）。

二 国内心理账户的相关研究

国内学者心理账户的研究大约始于2001年，对于心理账户的研究尚处于初级阶段，实证研究较为匮乏，尤其是关于心理账户的分类结构以及分类过程的研究（李爱梅，2007）。

多数研究是对心理账户理论概念、特征和运算规则的阐述（张耿、胡少龙，2010；刘大鹏，2011；游荻凡，2011）。学者周静等还对心理账户形成机制进行了初步探索（周静、徐富明、刘腾飞，2010）。

李爱梅（2007）较早对心理账户进行了实证研究，研究发现中国人心理账户内隐结构可以划分为收入、支出和储蓄三类经济用途，并且支出账户中存在人情维系支出账户，如图2－4所示。但目前尚未有关于人情维系支出账户的内部结构、形成机理及其对消费行为的影响的研究文献。

陈乾鑫、孙晓敏（2011）以大学生为样本的实验研究发现：已发生的购买事件的消费数目大小会影响消费者事后的消费行为；当已发生事件的花费属于高消费时，人们对目标商品

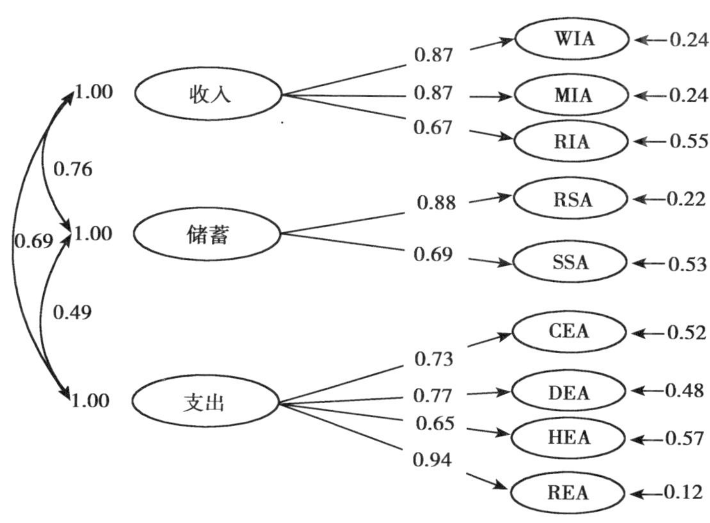

图 2-4 中国人心理账户内隐结构 EFA 分析结果

资料来源：李爱梅、凌文辁、方俐洛、肖胜等：《中国人心理账户的内隐结构》，《心理学报》2007 年第 4 期。

的购买意愿较之低消费时弱。但其对心理账户的分类为娱乐、食物和服装，显然也是根据外在经济用途划分的。

贺伟、龙立荣和赵海霞（2011）从心理账户的视角研究了薪酬心理账户的分类对薪酬的心理折扣的影响，对企业在一定的人工成本约束下提高薪酬的激励效果具有重要的指导意义。薪酬心理账户是指工资、奖金、法定社保和企业自主福利四类，薪酬的心理折扣是指员工对收入的感知价值小于企业客观支付的经济价值，会使企业薪酬激励效果减弱。文章对 10 家企业的 338 名员工主客观薪酬数据进行了分析，研究结果表明：四类薪酬心理账户中，企业自主福利的心理折扣最大，薪酬激励的效果最差，并且国有企业员工相较于外资企业员工，其对工资和企业自主福利的心理折扣程度明显更高。

三 心理账户研究的简要评述

心理账户理论自诞生之日起就引起了各个领域广泛的关

注，相关研究成果颇丰，近年来相关的定量研究也不断涌现，但都是基于西方的文化价值观，缺乏基于中国文化价值观的定量研究。作为解释消费行为的新的重要理论，已经广泛应用于金融投资、资产组合、日常消费和人力资源管理等领域，但尚未应用于解释人情消费行为。

（一）已取得的研究成果

（1）对“心理账户”的概念进行了清晰的定义。任何人、组织或单位都有或明确或潜在的心理账户系统，相同的金钱在各个不同的心理账户系统中具有不同的估价和运算方式。

（2）心理账户区别于经济账户的运算规则和本质特征等。

（3）西方心理账户研究隐含有外在经济用途是心理账户划分依据的结论。关于心理账户形成的机制和分类的研究较为匮乏，缺乏关于心理账户划分依据的深入探讨，譬如，除了外在经济用途，内在的文化和价值观能否作为心理账户划分的依据。

（4）心理账户的理论提出后，在金融投资领域和消费领域已经得到广泛的应用。譬如消费领域诞生了行为生命周期理论、交易效用和心理账户预算性理论。

（5）西方心理账户领域已有较多的实证研究，但都是基于西方的文化和价值观，基于中国文化和价值观背景的实证研究较为匮乏。

（6）李爱梅首次对中国人内隐的心理账户结构进行了研究，探索性因子分析显示存在人情维系支出账户，但心理账户对人情消费的影响及其作用机制还需要进一步的研究。

（二）有待研究的课题

（1）中国文化和价值观背景下的心理账户领域的实证研究。

（2）心理账户的形成机制和划分依据。探讨是否可从内在的文化与社会结构出发对心理账户进行划分，并研究划分的依据及其形成的原因。

（3）人情消费领域尚未引入心理账户理论，而心理账户理论适用于解释消费。可以尝试使用交易效用和行为生命周期等心理账户的理论成果来解释中国的人情消费行为。

第三章

理论基础和研究视角

本章是文献综述部分的延伸，将在翔实的文献研究基础上归纳评述现有理论基础对人情消费研究的指导作用和意义，分析指出现有理论基础导致的人情消费研究的不足之处，然后提出改进的办法，包括引入心理账户理论解释人情消费行为，将心理账户的研究与中国文化价值观相结合两个方面。由于内容较多且重要，因此独立一个章节进行论述。

从研究的理论基础看，学者们主要根据社会资本（社会网络）理论、社会交换理论、功能主义理论和有限理性理论的框架展开研究。

第一节　现有理论基础对人情消费研究的影响

一　消费经济理论对人情消费研究的影响

消费是一个重要的经济学概念，也是许多其他社会科学研究的概念。经济学家们特别感兴趣的是消费和收入之间的关系。不同学派的经济学家给出的消费定义不同，根据主流经济学家的定义，狭义的消费是指消费者为满足自己生活需要而购买的商品和服务，不包括固定资产投资、中间消耗和政府支出等其他非个人需求目的的支出；广义的消费是指一切经济活动的汇总，不仅仅限于商品和服务的设计、生产和销售，例如选择、采用、使用、处置和回收的商品和服务都在广义的消费之列（D'Orlando & Sanfilippo，2010）。

消费经济理论主要包括马克思的消费经济理论和西方的消费经济理论。马克思在其著名的《资本论》中指出消费包括生产消费和个人消费。生产决定消费，但消费对生产具有积极的反作用。消费是生产的动力，也是生产的最终目的。消费再生产出人及人的劳动能力，原材料、燃料、厂房、机器设备等生产资料的消费，与人的劳动能力的消费（物化）相结合最终使消费成为产品。因此，消费决定需求的市场容量，而需求的市场容量最终决定一国工业、农业和其他行业的规模（Slater & Don，1997；Mincer & Jacob，1963）。

西方消费经济理论主要研究消费和收入以及其他影响消费需求的因素及因素间的关系和相互影响（Isherwood，Baron，Douglas & Mary，1996；Miller & Daniel，1998）。消费者根据可支配的当前的和未来的收入以及价格的信息确定自己当前的消费水平（Deaton & Angus，1992）。消费需求函数研究消费和收入的关系，强调消费者的可支配收入是决定消费需求最重要的因素，包括凯恩斯绝对收入消费函数理论、杜森贝利相对收入消费函数理论、弗里德曼持久收入消费函数理论和莫迪利亚尼生命周期消费函数理论（Friedman & Jonathan，1994；Becker & Gary，1965；Grossbard & Shoshana，2003）。除收入以外，还有其他一些因素会对消费者的收入、消费及消费支出与收入的关系产生重要影响（Mackay & Hugh，1997）。对这些因素的影响和相互关系进行研究，也是西方消费理论的重要内容。

根据消费经济理论，人情消费是生产发展的动力和最终目的。生产和消费是相互联系、相互影响的两个重要方面。人情消费是中国居民生活消费的重要部分，在消费总支出中占有重要地位。农村的文化文明和农民富裕是新农村建设的两个重要方面，科学的人情消费观念，理性适度的人情消费能够满足农民的情感需要，维持农民互帮互助的联系，对农村生产的发展具有重要的意义和影响。

二　社会资本理论对人情消费研究的影响

社会资本在社会学、经济学、管理学，以及政治学和组织行为学等学科中，都是一个重要的概念。最初是由经济学的“资本”演变而来的，20 世纪 60 年代，唐·舒尔茨等引入人力资本到经济学分析之中，认为受过教育和训练的工人决定了资本、土地和劳动诸生产要素的利用率，为社会资本理论的提出奠定了基础（Farr，2004；Halpern，2005）。

社会资本理论又称为社会网络理论，社会资本（Social Capital）是资本的一种形式，是指为达到工具性或情感性的目的，通过社会网络来动员的资源或能力的总和（Lin，2001）。资本的另外两种形式是人力资本（Human Resource Capital）和物质资本（Physical Capital）。社会资本的具体表现形式为个人关系、成员身份、社会网络和信任关系，之所以称为社会资本，是因为它们存在于社会关系之中且可以带来增值，是无形资产（Woolcock，1998；Putnam，2000；Fukuyama，1995）。个人或者组织，甚至社会整体都可以是社会资本的所有者。社会资本是独特的，具有特定的使用范围，并且拥有社会资本者都无法转让其社会资本（Sabatini，2006）。

国外研究结论表明：社会资本同时具有正面和负面两方面的影响。前者表现为社会资本能够减少不确定性和交易成本，提高交易的效率，决定了与生产制造和掠夺占用之间的权衡。负面影响表现为对社会资本使用范围外的人员和组织会造成不利影响，譬如一个集团内部的合作对集团内成员有好的影响，但对于集团外部成员往往会带来不好的影响（Bowles & Gintis，2002；Ferragina，2010，2012；Putnam & Robert，1995）。根据网络关系的亲疏程度，可将社会资本分为以下三种：结合型社会资本指网络关系较为紧密者，如家庭成员、好朋友与邻居等的联结，能够促进成员间的承诺与互惠，并强化团体内部的联结；桥接型社会资本指网络关系较远，如拥有共同利益的同事或社区团体间的联结，能促进外部资源的联结与资讯的畅通，强化团体间的互动；联结型社会资本指不同社会层级的个人或团体之间的关系，如国家或大社会等不同层级之间的联结，能够协助个人或团体超越各自所在层级的限制获得资源和信息（Arefi，2003；Fearon & Laitin，1996；Stam，2014）。

根据社会资本理论，中国居民通过人情消费获取社会资本是一把双刃剑，对经济和社会发展既有有利的一面，也有不利的一面。人情消费行为作为一种特殊的资源转移和重新配置方式，大大降低了经济运行特别是农村经济运行中的交易成本，不需要复杂的科层机构来保证经济正常运转。比如在农村，亲缘、地缘关系被用来实现劳动力的顺利转移，对于劳动力雇用的双方而言都节约了大量的交易费用、信息搜寻成本，提高了劳动力提供方的就业成功率，并降低了雇主对用工的监督成本，因为双方生活在同一地域中，重复合作的可能性大，违约的代价较高。此外，从一定范围来看，人情消费又必然有其不利影响，通过人情消费构建社会资本可能滋生了“人情办事”的歪风邪气，拉关系、走后门可能会导致不公平竞争，增加外部成员的交易费用，如因孩子升学和就业问题找人帮忙容易滋生寻租、腐败。

三 社会交换理论对人情消费研究的影响

社会交换理论也称为“沟通社会交换理论，”起源于经济学、心理学和社会学。1958 年社会学家乔治·霍曼斯在其出版的作品“社会交换行为”中从心理学的视角提出了社会交换理论，他将社会交换活动定义为至少两人之间的有形的或无形的，包含或多或少不同程度的回报的交换活动，强调与他人互动中个人的行为，是二者间的互动（Emerson & Richard，1976；Edward，Lawler & Shane，1999）。乔治·霍曼斯提出社会交换理论之后，彼得·布劳从社会学和经济学的视角发展了社会学理论，将研究聚焦于促使个体产生下一次交换行动所期待的回报上，表明人类个体做出决定基于他们自己的看法，通过行动获得的成本和收益来决定他们会得到好处和评估所有社会关系（彼得·布劳，2008；Lawler & Edward，2001）。

社会交换指的是人们被期望从别人那里得到回报所激励的自愿行动。社会交换理论的主要假设是理性选择和结构主义。根据这一理论，人际关系是由主观的使用成本效益分析和方案的比较，人只有在预期到个人回报和利益时才会慷慨，一旦他人停止了所期待的回报，这一交往关系便会中止。除此之外，影响社会交换的因素还包括交易回报或利益的特征，交换双方间关系的发展阶段和特点，以及交换发生的社会情境（West & Turner，2007，Monge & Contractor，2003）。社会交换是一种建立在相互信任基础上的资源性活动，只有在相互信任的基础上，才能维持某种稳定的交换模式（Ekeh & Peter，1974；McDonell，Strom，Burton & Yaffe，2006；Stafford & Laura，2008）。布劳区分了社会交换和经济交换的区别，即在社会交换中，没有统一的衡量标准，报酬的价值具有相对性和模糊性，在社会交换中遵守经济学中的“等价交换”法则十分困难。

社会交换理论对于人情消费研究的意义在于：以社会交换理论为基础，深入研究人情消费的双方进行交换的动力、交换的模式和特点，人情消费行为对收入分配和再生产，以及家庭收入和生活的影响，营造有利于人情消费的社会条件应该包含哪些内容，等等。

四 功能主义理论对人情消费研究的影响

功能主义是社会学的重要理论观点之一。由涂尔干（Emile Durkheim）提出，强调怎样的社会秩序是可能的或社会如何保持相对稳定。功能主义解释了社会组成的各部分如何有助于整个社会的稳定，社会大于其组成部分的总和，社会各个组成部分的功能相互依赖相互影响保障了整个社会的稳定。功能主义强调，存在于社会的共识和秩序，注重社会稳定和共享的公共价值。当系统中的一个组成部分不工作或者是不正常时，它会影响所有其他部分，并导致社会问题和社会变革（贾春增，2000；Anderson & Taylor，2009；Block，1996；Polgar，2008）。

功能主义在19世纪50年代发展成熟，分为欧洲功能主义学派和美国功能主义学派。前者集中于解释社会秩序的内部运作，而后者着重于发现人类行为的功能（方旭东，2009；丘奇兰德、田平，2006；高华，2003）。美国的实用主义社会学家罗伯特·默顿认为，社会功能是可见的客观后果，而不是不可见的主观意向、目的和动机。他将人的功能分为两类：显性功能——有意的和明显的功能；潜在功能——无意的和不明显的功能（默顿，1990；曲贵卿、张海涛，2008；刘润忠，2005）。正功能有助于一个体系的适应或顺应，负功能则会削弱体系的适应或顺应。一些社会制度除了显性的正功能以外，常常附带着意想不到的负功能，这种潜在的负功能和副作用可能会导致系统的紧张和紊乱，它们积累到一定程度就被确定为社会问题，就有可能威胁到原有的结构（贺雪峰，2003；叶启政，2006；戴庆锋，2008）。

功能主义对人情消费的意义在于：提醒我们对人情消费行为进行辩证的思考。人情消费作为一种社会现象对于中国经济和家庭的发展都具有一定的正功能，如简化社会管理、降低交易成本和满足情感需求等；尤其是在农村，由于农民可支配收入有限，不科学和过度的人情消费势必会影响农民生产资料的支出，在市场对资源配置起主导作用后，人情消费的“情感”反而阻碍了市场经济的发展进程。

五 有限理性理论对人情消费研究的影响

诺贝尔经济学奖得主赫伯特·西蒙（Herbert A. Simon）提出了“有限理性”的概念，“有限理性”是指介于完全理性和非完全理性之间的一定限制下的理性。西蒙（Simon）从有限理性的角度对传统经济学的“理性经济人”假设提出质疑，认为这一假设过于理想化，他认为人在决策时，受到经济以外的诸如心理、社会、文化、道德等因素的影响，并且人的知识、信息、经验和能力都是有限的，他不可能也不企望达到绝对的最优解，从而使决策结果与效用最大化的结果产生偏离，最终得到情感满意的结果（Simon，1957，1990，1991）。

后来的学者从不同角度指出了有限理性产生的机理（司汉武、张磊、王征兵，2008；Gigerenzer & Selten，2002；March & James，1994）。代表性解释主要有：米勒（Miller）的行为人生理限制，也就是人在生理方面固有的计算和推理能力不足；卡尼曼（Kahneman）的思维双系统模式，双系统是直觉系统和推理系统，两者相互作用、相互影响，人的决策可由其中之一的系统单独决定，也可以由直觉系统或推理系统共同决定（Moss & Edward，1992；Kahneman，2003；Rubinstein，1998）；为正的心智成本，认知心理学认为行为人通过其心智模式来决定他的选择是否是理性的，心智是一种稀缺资源，获取心智的成本为正，从而理性是有限的（Tsang，2008）。

人情消费不可能是完全理性的，有限理性理论适用于人情消费的解释。中国社会是个“熟人”社会，人际关系延续不止，理论上“你来我往”的人情消费可以达到送礼与收礼的平衡，中国居民的人情消费是完全经济理性的。实际上人情消费具有较大的“心理”效用，“面子”“风光”方面的效用和攀比从众的心理使得中国居民表现出人情消费的不理性，如婚丧嫁娶大操大办，借债赶场送礼等。

第二节 引入心理账户理论的缘由

一 现有理论基础导致的人情消费研究的不足

人情消费研究的核心问题是消费的动机和功能，而动机和功能由研究的理论基础决定。人情消费研究的理论基础主要是社会资本（社会网络）、社会交换、功能主义和有限理性的理论（翟学伟，2004；于彬，2011）。马春波和李少文（2004）通过对鄂北大山村100户家庭的调查和资料分析，指出人情消费是一种文化的惯性，是通过人情交换的方式对社会资本的“投资”或“购买”。阎云翔（2000）研究认为人情是一种可交换的社会资源，在遵循人情伦理的前提下通过礼物交换实现关系网络的建立和维持。胡杰成（2004）从功能的角度分析了人情消费行为，认为人情消费行为是在充分考虑道德、情感和目标在内的追求最大综合效益的“社会理性”。最后，李祥忠（2008）指出人情消费是一种社会融资的方式。农村家庭婚丧或者购买农具时，收到礼金解决了自家资金不足的问题，等到别家办事时，赶礼又为别人的资金问题贡献力量，这种互帮互助成为一种乡村社会的融资方式。中国社会的正式制度不完善，人情消费作为一种非正式制度起到了维持社会和谐运作的作用（费孝通，1998；阎云翔，2000；闫真，2011）。

1. 缺乏基于心理账户理论的人情消费研究

消费者的心理对消费行为有直接的影响，以往的研究认为用心理账户理论来解释各种消费行为是恰当且重要的，但人情消费领域缺乏使用心理账户理论进行解释的研究。譬如，已有研究没有对人情消费心理预算形成机制进行分析。杨屹、钱进宝（2007）指出网上拍卖竞买者有限理性的产生是由于心理因素的影响，而心理因素的影响则归结于心理账户的变化。李理（2008）认为影响消费者行为的因素是有层次划分的，心理账户是影响消费者行为决策的深层次因素，直接影响消费者行为。周瑾（2009）指出心理账户理论不是用来解释消费者合理行为，而是用于分析其实际行为的。奚恺元（2004）提出心理账户的存在不仅影响着我们的投资决策，也会对日常生活中的各种消费决策产生意想不到的影响。由于人情消费是一种特定形式的消费，我们认为可以用心理账户的理论来解释人情消费。

2. 忽视了人情消费独特的中国文化和价值观背景

现有人情消费研究依据的理论都是基于西方社会文化的理论和研究成果，其导致相关研究的不足之处在于，将人情作为一种关系资源附加在西方的相关理论框架内进行研究，忽视了人情消费独特的中国文化和价值观背景（翟学伟，2004；于彬，2011）。人情消费是赠礼行为“中国化”的命题。在西方学者眼里，中外赠礼行为的区别在于中国独特的文化和价值观（Chan，Wan & Sin，2009）。中外礼品消费者有相同的赠礼动机，只是这些动机的实现在不同文化间有所区别（Wang，2001；郑玉香、薛珈，2011）。

二　改进人情消费研究的办法

1. 将心理账户理论引入到人情消费领域

Thaler（1985）在其发表的《心理账户与消费者行为选择》一文中正式提出“心理账户”理论，系统地分析了心理账户现象。研究指出：小到个体、家庭，大到企业集团，都有或明确或潜在的心理账户系统，这种心理账户系统在决策时运算方式和记账方式与经济学和数学都不相同。从本质上说，“心理账户”是人们在心理上对结果（尤其是经济结果）的记录、估价、分类和编码的过程，它揭示了人们在进行（资金）财富决策时的心理认知过程（Thaler，1985；Kahneman & Tversky，1984；Henderson，Peterson & Robert，1992；李爱梅，2007）。

30多年来，心理账户理论已随着行为经济学的崛起广泛应用于各个学科领域，尤其是经管类学科。该领域日趋成熟的相关研究技术，为人情消费研究的开展提供了良好的技术保障。

2. 将心理账户的研究与中国的文化价值观相结合

自Thaler提出心理账户概念以来，该领域已有较多的实证研究，但都是基于西方的文化和价值观，并且多从外在经济价值来对心理账户进行划分（孙大强，2008）。1981年，Kahneman教授在其音乐演唱会实验中，以西方人是否观看演唱会为因变量，观看演出和打电话的支出被视为来源于两个不同的心理账户，也即外在的经济用途是心理账户的分类依据。Heath（1994）的研究以西方人消费行为为研究对象，研究发现消费者倾向于按照不同的消费支出项目划分不同的心理账户，不同的账户有不同的预算约束以控制各种消费支出不超过合适的预算。例如，每月的娱乐支出、日常餐饮支出和服装支出等都有特定预算的心理账户，用来控制每种类型的消费支出在一个合适的范围之内。如果某月购买服装的总支出超过了预算，人们往往会停止消费服装类产品。显然，Heath研究是基于西方的文化和价值观的，且其中心理账户的分类依据也是经济用途。

国内学者心理账户的研究大约始于2001年，对于心理账户的研究尚处于初级阶段，实证研究较为匮乏，尤其是关于心理账户的分类结构以及分类过程的研究（李爱梅，2007）。多数研究是对心理账户理论概念、特征和运算规则的阐述（张耿、胡少龙，2010；刘大鹏，2011；游荻凡，2011）。学者周静等对心理账户形成机制进行了初步探索（周静、徐富明、刘腾飞，2010）。李爱梅（2007）较早对心理账户进行了实证研究，研究发现中国人心理账户内隐结构可以划分为收入、支出和储蓄三种经济用途，并且支出账户中存在人情维系支出账户，但目前尚未有关于人情维系支出账户的内部结构、形成机理及其对人情消费行为的影响的研究文献。

因此，未来研究可以尝试以中国文化价值观为背景从心理账户视角研究人情消费。探讨人情消费心理账户的引导因素，除外在的经济用途外，内隐的中国文化价值观诸如关系、面子、缘分等是否能引导心理账户并简化人情消费决策？不同类别的支出心理账户，是否会导致不同的消费行为特征？内隐的中国文化价值观如何影响人情消费礼金的心理预算，对人情消费礼品购买决策的影响如何？对以上问题的探讨无疑有助于对人情消费现象做出新的解释，是对人情消费领域研究新的补充。

第四章

人际关系对人情消费意愿的影响：心理账户的视角

第一节 引言

人情消费植根于中国几千年的传统文化和社会结构，占有十分重要的地位。“八项规定”实施以后，党政机关带头抵制奢靡之风，但各种人情消费却未见减少，光明日报（2013 年 6 月 23 日头版）的数据显示，我国户均人情消费支出占家庭总收入的比重已达 7.9%，农村家庭则高达 11.4%。

人情消费领域的研究大约始于 19 世纪 90 年代，从内容来看，主要是对人情消费的现状、功能、分类、消费模式和特征以及影响因素等的研究（阎云翔，2000；金晓彤、陈艺妮，2008；Parsons et al.，2011；Chen et al.，2013）。人情消费是基于一定人情圈，即人际关系基础上的消费。传统人际关系的“差序格局”是人际关系定性分类的基础，“差序格局”多元化理性化后，这种简单定性的分类已经不能满足人情消费研究的需要，需要新的分类或测量方法。营销和消费领域鲜有研究对现代人际关系进行测量，相关研究大多基于对人际关系简单定性的分类，人际关系对人情消费影响的定量研究基本处于空白状态。因此，本章的主要任务之一是修改和引入组织管理领域关于人际关系测量的量表，经过信度、效度测量后，用于人际关系对人情消费意愿影响的实证研究。

国内关于人情消费的研究主要是依据社会资本、社会网络、资源交换和理性选择的理论展开的（翟学伟，2004；俞杰龙、陈启杰，2015；Chua & Wellman，2015），尚未引入心理账户理论。而我们认为用心理账户理论（Thaler，1985）来解释人情消费是恰当且重要的。Thaler 和 Sherfin 提出了行为生命周期理论，该理论认为，人不能完全理性地控制自己，必须借助于自我控制与心理账户两个工具干预消费（Sherfin & Thaler，1988），由于人的自我控制力不足，实际消费中心理账户常常成为人们简化认知加工的策略以及自我调整的工具（Kivetz，1999；张军伟等，2011）。因此，本章另一任务是使用心理账户理论解释人际关系影响人情消费意愿的作用机制。

第二节　立论依据与研究假设

一　人情消费和人际关系的内涵、分类和测量

人情消费是赠礼（Gift Giving，Gift Consumption）行为研究的“中国化”，其含义是指在一定的社会背景下，人与人之间在以血缘、亲缘、地缘、业缘等关系形成的基础上用于人情往来的礼仪性消费，即有关系的双方通过相互往来进行货币、物品与劳务等的交换（李祥忠，2008）。根据文献，人情消费的形式包括礼品消费、礼金消费和劳务交换三种。

人情消费在一个网络中进行，我们把这个网络叫作人情圈也就是人际关系圈。关系的强度是指亲密和信任的程度，其操作性定义是有关系的双方互相了解的程度（Bian，1997，Bian & Ang，1997）。关系的质量指双方亲疏远近的程度（Fu，2006），或者是社会交换活动的质量（Law，2000）。

在中国，关系的形成主要是由于集体主义的文化规范和亲属关系重于其他一切社会关系的价值观念。集体主义文化的终

极价值观是人际关系的和谐（Flora et al.，2008），关系的核心是父系关系（Fukuyama，1995）。在中国文化里，关系是一种特殊的社会治理机制（Luo，2003），这是中国正式的制度和管理机制缺失造成的（Flora et al.，2008）。在集体主义的中国，关系是一个有边界的系统，以不断加深关系为目标；而在西方个人主义情境下，关系性交换是自愿进行的，理性地计算成本收益，以公平和等价为目标（Yang，1994；Nie & Lamsa，2015）。中国文化里维持关系的重要方式是礼物和恩惠（面子）的交换，并借以反映不同的社会关系谱系（Joy，2001）。关系性交换具有跨文化差异，在中国，关系性交换是频繁的，且多数时候以共同价值观为基础；而在多数西方国家，关系性交换通常是脆弱的、不频繁的，不涉及强烈的共同价值观（Vanhonacker，2004）。

Chen 等（2009）的量表用于测量公司内部上司和下属的关系，既包含工作场合关系又包含非工作场合关系，非工作场合关系既包含情感成分又包含工具成分，且具有情感依恋关系、生活卷入关系和工作顺从关系三个维度，是全面测量人际关系的量表且被多数研究中国关系的学者所使用。又由于多数中国人建立工作和职业联系是基于新伙伴而非既定的亲友关系（Chen & Chen，2004），公司内部上司和下属关系是现代人际关系中重要的关系。因此，我们认为经过修改和信度、效度的检验，Chen 等（2009）的量表能够满足我们的研究需要。

二　人际关系对人情消费意愿的影响

中国人的开支心理账户包括日常生活开支账户和情感维系开支账户，对不同账户的资金有不同的消费方式（李爱梅，2007）。比如，对于几百元一件的羊毛衫，如果是自己穿，会觉得贵而舍不得买，但若是亲人买下送给自己做生日礼物，却会欣然接受。说明消费者为亲人购买生日礼物时对羊毛衫的消费意愿显著高于自己穿时产生的消费意愿。孙大强（2008）的研究建立在投资的委托—代理模型基础上，发现人际关系类别（即亲人、朋友、熟人、陌生人）对委托人愿意委托的金额和期望的投资回报比例具有决定性影响。

Wang，Razzaque 和 Keng（2007）礼品购买决策的研究表明包括关系和面子在内的中国传统的文化和价值观会对礼品购买决策产生显著影响。中国特有的文化变量对消费者行为影响的主要差别在于亲属和非亲属之间（Wang，2001）。

进一步推断：同是情感维系开支，为不同关系的对象购买同一件商品，消费者的购买意愿也是存在差别的。由此，我们提出以下假设：

假设 H1a：情感依恋关系对人情消费意愿具有正向的影响。

假设 H1b：生活卷入关系对人情消费意愿具有正向的影响。

假设 H1c：工作顺从关系对人情消费意愿具有正向的影响。

三　心理账户理论和作用机制

Thaler（1985）在其发表的《心理账户与消费者行为选择》一文中正式提出“心理账户”理论，系统地分析了心理账户现象。研究指出：小到个体、家庭，大到企业集团，都有或明确或潜在的心理账户系统，这种心理账户系统在决策时运算方式和记账方式与经济学和数学都不相同。从本质上说，“心理账户”是人们在心理上对结果（尤其是经济结果）的记录、估价、分类和编码的过程，它揭示了人们在进行（资金）财富决策时的心理认知过程（Thaler，1985；Kahneman & Tversky，1984；Henderson et al.，1992；李爱梅，2007）。

心理账户系统中消费者面对不同的选择方案，通过对“感知价值”（Perceived Value）的评估做出最终决策。感知价值包括“感知交易价值”（Perceived Transaction Value）和“感知获取价值”（Perceived Acquisition Value），前者指所支付的成本与参考点（比如心理价位）的比较；后者是对“得”与“失”的综合感知价值，是消费过程中扣除支付金额后的那部分价值（Thaler，1999）。消费者对价格的感知是通过“感知价值”这个中介变量来影响购买意愿的（郝辽钢等，2008）。

本书认为，这个感知价值不仅包括经济价值，还应该包括心理感知价值。由于人情消费在中国具有特殊意义，如情义无价等，因此，虽然送给不同人际关系的对象的羊毛衫具有相同的经济价值，但不同人际关系对象（比如不同亲密程度的亲人和普通朋友）附有不同的情义价值（心理估价），导致送给亲人的羊毛衫比送给普通朋友的羊毛衫具有更高的心理估价。换言之，消费者对同一件羊毛衫的消费产生了两个不同的购买意愿，是因为先有了两个不同的感知获取价值。

基于以上讨论，可推断：为不同关系的对象购买同一件商品，消费者的感知获取价值是不同的，并进而导致其人情消费意愿的差异。由此，本书提出以下假设：

假设 H2a：感知获取价值在情感依恋关系与人情消费意愿之间起着中介作用。

假设 H2b：感知获取价值在生活卷入关系与人情消费意愿之间起着中介作用。

假设 H2c：感知获取价值在工作顺从关系与人情消费意愿之间起着中介作用。

综合以上假设，本章拟检验以下模型（如图 4－1 所示）：

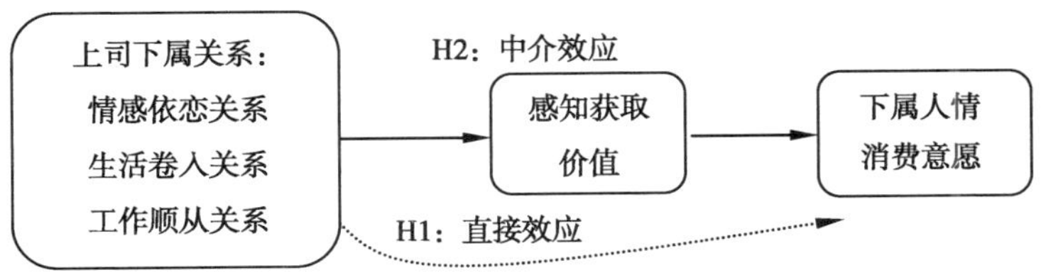

图 4－1　人际关系和人情消费意愿研究模型

第三节　研究设计

一　研究样本

本研究数据来源于浙江嘉兴一所成人培训学校的学员。我们共发放了 340 份问卷，剔除回答不完整和无效填写问卷后，回收了来自 284 名学员完整填写的问卷，有效率为 83.5%。在样本结构方面，男性居多（占 60.6%），平均家庭年收入在 15 万—20 万元（SD = 1.82）。样本的分布特征如表 4 - 1 所示：

表 4 - 1　样本的分布特征

属性	分类	样本	百分比（%）	累计百分比（%）
性别	男	172	60.6	60.6
	女	112	39.4	100
家庭年收入（元/年）	1（5 万元以下）	48	16.9	16.9
	2（5 万—10 万元）	84	29.6	46.5
	3（10 万—15 万元）	52	18.3	64.8
	4（15 万—20 万元）	32	11.3	76.1
	5（20 万—30 万元）	40	14.1	90.2
	6（30 万—40 万元）	12	4.2	94.4
	7（40 万元以上）	16	5.6	100

二　变量测量

本研究为确保测量工具的效度及信度，尽量采用现有文献已使用过的量表，再根据本研究的目的加以适当修改作为搜集实证资料的工具。在人际关系概念的操作性定义及衡量方法上，主要采用 Chen 等（2009）论文中的量表，在问卷正式定稿与调查之前，先对培训学校的部分学员进行了问卷的预调查，以评估问卷设计及用词上的恰当性，再根据预试者提供的意见对问卷进行了修订。

人际关系——采用 Chen 等（2009）论文中的量表，主要是因为该量表是组织和人力资源研究中被大量引用的著名量表，包含三个维度，全面测量工作和非工作场合的关系，工作顺从关系维度属于工作场合关系测量，情感依恋关系和生活卷入关系两个维度属于非工作场合关系测量。上司下属关系整体量表在本研究中的信度系数 Cronbach's α 为 0.79，情感依恋关系、生活卷入关系和工作顺从关系量表在本研究中的信度系数 Cronbach's α 分别为 0.80、0.85 和 0.80（大于管理学研究中常用的 0.70），这表明该测量工具具有良好的测量信度。

感知获取价值——参考郝辽钢等（2008）的方法，使用"鉴于您和这位上司的关系，购买这款产品很值"测度，被试对六点量表评分，"1"代表"非常不同意"，"6"代表"非常同意"。

人情消费意愿——参考郝辽钢等（2008）的方法，使用"您会考虑购买这款产品"测度，被试对六点量表评分，"1"代表"非常不同意"，"6"代表"非常同意"。

控制变量——由于缺乏人际关系对感知价值和人情消费意愿影响的定量研究，本书将个体的背景变量、性别和家庭年收入作为控制变量。

以上变量除个体的背景变量外，其余变量均采用六点李克特量表施测。

第四节　数据分析和结果

一　验证性因子分析

采用 AMOS17.0 做验证性因子分析（CFA）以检验量表结构稳定性。验证性因子分析（Confirmatory Factor Analysis,

CFA）是用来测试一个因子与相对应的测量项目之间的关系是否符合研究者所设计的理论（王卫东，2010；吴明隆，2013）。待检验的模型如图4－2所示。

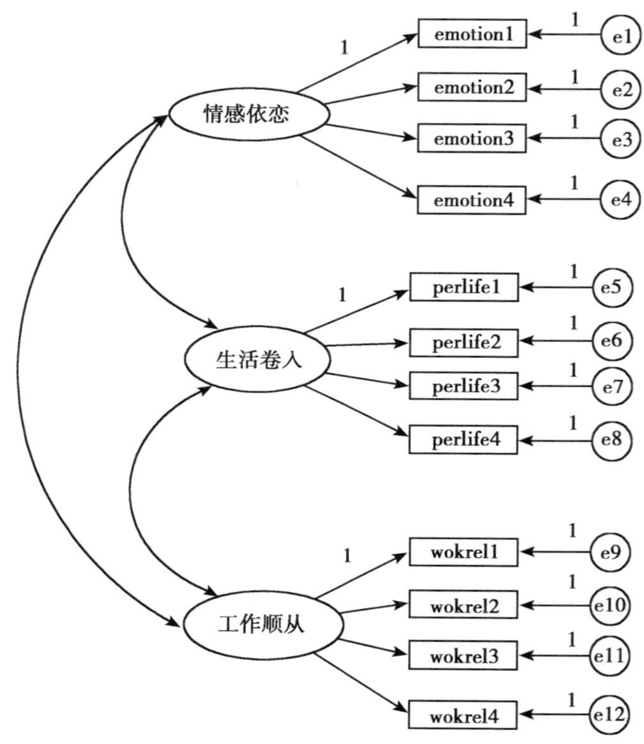

图4－2 人际关系测量模型（n＝284）

验证性因子分析结果如表4－2所示，无论是模型的整体拟合效果还是模型的效度，总体都达到了理想水平。首先，模型的拟合优度指标显示模型总体拟合效果良好，相对卡方小于2，显著水平0.005，适配度指标GFI和比较适合度指标CFI、TLI都在0.9以上，近似误差均方根RMSEA在0.1以下。其次，各题项即观察变量的值都在P＝0.001的水平上显著负载于其预期构念，所有负载系数都大于0.5，表明观察变量能够有效地测量其对应的潜变量（构念），具有良好的聚敛效度（Anderson & Gerbing，1988）；同时关于建构信度CR（Composite Reliability)，反映观察变量是否能够测到潜在建构（变量）程度的指标，3 个构念（潜变量）的 CR 值都在 0.8 以上，显示量表具有良好的建构信度。最后，我们使用了平均萃取方差 AVE（Average Variance Extracted）来检验区别效度（Discriminant Validity)，3 个潜变量的 AVE 都在 0.5 以上，表明量表有良好的区别效度。

综上可知，本研究使用的量表结构属性良好，能够可靠地测量情感依恋关系、生活卷入关系和工作顺从关系三个人际关系的维度。量表中以单一衡量指标取代多重衡量指标是可行的(谢洪明，2007)，以下用人际关系 3 个维度下题项的平均得分代表 3 个潜变量（因变量）的值。

表 4-2　验证性因子分析结果（n=284）

潜变量	题项	负载	t 值	p 值
模型拟合度	$\chi^2=80.572$；df=51；χ^2/df=1.5883 GFI=0.902；CFI=0.917；TLI=0.912；RMSEA=0.092			
情感依恋关系 CR=0.832； AVE=0.58	我的上司会和我分享工作生活中的思想、观点和感受	0.720		
	和上司沟通时我感到轻松和自然	0.664	4.822	***
	如果我的上司决定去另外一家公司工作，我会感到难过	0.683	4.941	***
	如果我的上司个人生活中有困难，我会尽力去帮他/她	0.760	5.350	***
生活卷入关系 CR=0.868； AVE=0.67	我愿意帮忙处理我上司的私事	0.686		
	下班之后我的上司和我会打电话或互相拜访	0.827	5.875	***
	非工作时间，我的上司和我会有不涉及工作的社交活动，如一起吃饭或者其他娱乐	0.793	5.711	***
	我了解上司的家庭组成情况	0.749	5.459	***
工作顺从关系 CR=0.822； AVE=0.54	工作中我会无条件地服从上司的命令	0.610		
	工作中当我和上司意见不一致时，我仍然会服从他/她的决定	0.732	4.467	***
	工作中我和上司目标有冲突时，我会放弃个人的目标达成上司的目标	0.749	4.516	***
	工作中我不会私下做出不利于上司的事	0.750	4.520	***

注：*** 表示 $p<0.001$。

二 描述性统计分析

为了简化运算分析的过程，首先将情感依恋关系、生活卷入关系和工作顺从关系三种关系变量进行了单一化处理（取该变量所有题项的均值作为该变量的值），由于这些变量具有良好的信度和效度，因此能够满足进行单一化处理的要求。表4-3总结了变量的平均值、标准差以及相关系数。从表4-3给出的结果看，情感依恋关系和生活卷入关系，都与感知获取价值及人情消费意愿正向相关。感知获取价值和人情消费意愿正向相关。

表4-3 各主要变量的均值、标准差和变量间相关系数（n=284）

变量	1	2	3	4	5	6	7
1. 性别	1						
2. 家庭年收入	-0.07	1					
3. 情感依恋关系	0.03	-0.18	1				
4. 生活卷入关系	0.14	0.10	0.47**	1			
5. 工作顺从关系	-0.10	0.01	0.05	0.03	1		
6. 感知获取价值	-0.04	0.04	0.40**	0.38**	0.19	1	
7. 人情消费意愿	-0.07	0.08	0.27**	0.20**	0.12	0.43**	1
平均值（M）	0.61	3.11	4.21	3.86	3.92	4.45	4.30
标准差（SD）	0.49	1.82	0.80	0.90	0.78	0.93	0.83

注：(1) ** 表示 $p<0.01$。

(2) 性别：0代表“女”，1代表“男”；家庭年收入：1=5万元以下，2=5万—10万元，3=10万—15万元，4=15万—20万元，5=20万—30万元，6=30万—40万元，7=40万元以上。

三 假设检验分析

主效应及中介效应分析。对于假设1和假设2（主效应及中介效应）的检验，我们根据Baron和Kenny（1986）的建议，分三个步骤进行分析：①自变量对结果变量的影响。在引入控制变量（性别和家庭年收入）的基础上，我们将自变量（关系三个维度）放入回归方程，分析人际关系对人情消费意愿的影响。②自变量对中介变量的影响。在引入控制变量的基础上，我们将自变量（关系三个维度）放入回归方程，分析人际关系对感知获取价值的影响。③中介效应。在引入控制变量和自变量的基础上，我们将中介变量引入回归方程，分析人际关系和感知获取价值对人情消费意愿的影响。回归分析结果如表4－4所示。

表4－4　　主效应及中介效应检验的层级回归结果（n＝284）

	人情消费意愿			感知获取价值	
	模型1	模型2	模型3	模型4	模型5
控制变量					
性别	－0.07	－0.09	－0.09	0.04	0.01
家庭年收入	0.08	0.12	0.07	0.04	0.06
自变量					
情感依恋关系		0.31*	0.11		0.29*
生活卷入关系		0.16	－0.01		0.23
工作顺从关系		0.11	－0.01		0.17
中介变量					
感知获取价值			0.72***		
R^2	0.01	0.19**	0.59**	0.01	0.24**
F值	0.39	3.14	15.06	0.10	4.10
R^2值变化	0.01	0.18**	0.39**	0.01	0.23**
F值变化	0.39	4.92	60.36	0.10	6.59

注：***表示 $p<0.001$，**表示 $p<0.01$，*表示 $p<0.05$。

从表4－4呈现的回归系数可知，情感依恋关系对人情消费意愿（M2，$\beta=0.31$，$p<0.05$）有显著的正向影响，假设1a得到了数据的支持；生活卷入关系对人情消费意愿（M2，$\beta=0.16$，ns）的影响不显著，假设1b未能通过数据检验；工作顺从关系对人情消费意愿（M2，$\beta=0.11$，ns）的影响不显

著，假设1c未能通过数据检验。另外由于情感依恋关系对中介变量感知获取价值有显著的影响作用（M5，$\beta = 0.29$，$p < 0.05$），而且当情感依恋关系与感知获取价值同时引入解释结果变量人情消费意愿时，我们会发现情感依恋关系对购买意愿的影响系数变为不显著（M3，$\beta = 0.11$，ns），而感知获取价值对购买意愿的影响为正向显著（M3，$\beta = 0.72$，$p < 0.001$），由此我们可以得出结论，感知获取价值在情感依恋关系与人情消费意愿之间起着完全中介作用，假设2a得到了数据的支持。假设2b和2c未能通过数据检验。

假设1b和1c未通过检验说明人际关系的三个维度对人情消费意愿的影响是不同的，由于这个原因，假设2b和2c也未通过数据检验。我们的立论依据是人际关系影响人情消费，假设1a通过数据检验说明人际关系影响人情消费意愿是由于情感依恋关系，其他两个维度——生活卷入和工作顺从对人情消费意愿的影响并不显著。

第五节 讨论与结论

一 理论意义

首先，本书修改和引入了人际关系量表。参考组织管理研究领域的人际关系测量量表，根据研究目的进行修改，测量信度、效度后用于营销和消费领域的研究。现有营销和消费领域对人际关系的简单的定性分类，使得该领域人际关系方面的研究难以深入，定量研究基本仍处于空白状态。关系是中国社会特有的互动法则，与西方建立在理性基础之上的文化不同，中国文化的建立以关系为基础。国内文献对人际关系的分类都是定性的，例如情感性关系、工具性关系，或者亲人、朋友、熟人、陌生人，国外对人际关系的分类除关系性质外，还包括维持关系的长度和强度，但只是简单地让被试就李克特量表评分，并无可靠的测量量表。

其次，人际关系的三个维度对购买者人情消费意愿的影响并不相同。情感依恋关系对购买意愿的影响最大且显著，而生活卷入关系和工作顺从关系依次位居其后，后两者对购买意愿的影响都没有达到统计显著。

最后，本研究还首次从心理账户的视角探索人际关系对人情消费意愿影响的作用机制。人情消费研究的理论基础主要是社会资本、社会网络、资源交换和理性选择的理论（翟学伟，2004；于彬，2011；Chen et al.，2013）。认为人情是一种可交换的社会资源，在遵循人情伦理的前提下通过礼物交换实现关系网络的建立和维持；人情消费是通过人情交换的方式对社会资本的“投资”或“购买”；是在充分考虑道德、情感和目标在内的追求最大综合效益的“社会理性”。并且作为一种非正式制度起到了维持乡村社会和谐运作的功能（闫真，2011）。本书在 Thaler（1985）和郝辽钢等（2008）的研究基础上使用了心理账户理论对人际关系影响人情消费意愿的作用机制进行了解释。

二　实践意义

在扩大内需对经济发展作用日益重要，以及人情消费在居民消费中比重居高不下的背景下，探索人际关系对人情消费意愿的影响及其作用机制对扩大消费无疑具有指导作用。

情感依恋关系正向影响人情消费意愿的研究结论可供企业选择细分变量和营销沟通做理论借鉴。企业可以考虑基于情感依恋关系选择细分变量，并依据情感依恋关系程度的高低进行产品定位。产品广告诉求定位于情感依恋程度高的对象，比如亲友可能有更高的销售额和利润，可突出强调“孝”“团圆”“欢聚”“手足”和“家”等。

情感依恋关系正向影响人情消费意愿的研究结论可为企业定价决策提供参考。送给不同情感依恋关系对象的产品，尤其是同一系列产品，应该按照情感依恋关系程度的不同设计不同的价格。送给亲友的产品，其定价可以略高于自用的产品，也可以结合心理账户的其他特征设计营销策略。比如结合参照点效应，将送给情感依恋程度一般的普通朋友的礼品（此处假设为不求销量大的引诱品或让竞争对手进攻的靶子产品）价格定为1，而将主推产品（假设适合送给情感依恋程度高的亲友）的价格定为略小于1，则可以取得出乎意料的效果。

情感依恋关系是通过感知获取价值对人情消费意愿产生影响的，这一研究结论启发了线上线下商家在营销沟通上要努力发掘附加于情感依恋关系基础上的心理价值。通过线上线下的体验营销手段将“情义无价”渲染到极致，则消费者对产品的心理估价也上升到极致，感知获取价值提升，从而导致人情消费意愿增加。

三　结论

情感性人际关系对人情消费意愿的影响是正向的，也即情感依恋程度升高会导致针对这一对象的人情消费意愿增加。该正向效应之所以发生，可从心理账户的视角找到解释：情感依恋程度升高导致消费者对礼品的感知获取价值（主要是心理价值）评估升高，也就是使消费者对礼品的心理估价升高，并进而导致消费者针对这一对象的人情消费意愿增加。

第五章

人际关系对礼金数量决策的影响

第一节　引言

“人情”法则是理解中国农村社会结构和社会运行的基础。礼金消费在现代农村已经取代礼品消费成为人情消费中占比最大和最主要的一种形式（闫真，2011），且呈现出“三高”特点——送礼频率高，单次礼金绝对数量高，礼金消费支出占农民年收比重高（陈云等，2005；牛娜，2010）。

人情消费是基于一定的人情圈，即人际关系基础上的消费（李祥忠，2008；牛娜，2010；Chen et al.，2013），但由于该领域缺少对现代人际关系进行有效测量的量表，相关研究大多基于对传统人际关系简单的定性分类（金晓彤等，2010；Parsons et al.，2011；Chua & Wellman，2015）。国外虽然从19世纪20年代就开始了对礼品消费的研究，但对于礼金消费的研究十分匮乏，人际关系对礼金消费的定量研究基本处于空白状态。礼金消费的基础和首要问题是礼金数量的确定（陈云等，2005；李玉珍等，2008）。因此，本章的主要任务是修改和引入组织管理领域关于人际关系测量的量表，经过信度、效度测量后，用于人际关系对消费者礼金数量决策影响的实证研究。

第二节　立论依据与研究假设

一　人际关系对消费者礼金数量决策的影响

Wang，Razzaque 和 Keng（2007）的研究表明，包括关系和面子在内的中国传统文化和价值观显著影响人情消费决策。中国特有的文化变量对消费者行为影响主要差别在于关系亲疏不同的亲属和非亲属之间（Wang，2001）。针对不同人际关系对象送来的礼物，受礼者的期望也不同（Parsons，2011）。

Burgoyne（1991）的研究揭示了对于任何确定的关系，礼金必须携带传达双方亲密程度的有意义的信息。Webley 和 Wilson（1989）调查了钱作为礼物在亲密程度不同的关系中被接受的程度，研究发现，关系的亲密程度决定了购买一份礼物的花费。李玉珍等（2008）的研究指出，在实际人情往来中，礼金数目的多少反映了出礼人和收礼人对二人情谊深浅程度的认识，并起到了巩固和维持与收礼人关系的作用。

"人情与面子"模型将人际关系分为"工具性""混合性"和"情感性"三种，认为"混合性"关系由于同时掺杂着较多的情感性因素和工具性因素，使得被委托人陷入"人情困境"，不知如何抉择，既不能使用等价交换的"公平原则"，也不能使用贡献付出的"情感原则"（Hwang，2000）。人际关系量表中的情感依恋关系、生活卷入关系和工作顺从关系维度分别与情感性关系、混合性关系以及工具性关系相类似（Chen et al.，2013）。

因此，我们认为人际关系量表中的情感依恋关系和工作顺从关系维度对赠礼者的礼金数量决策具有显著的影响，而生活卷入关系的影响不显著。由此提出以下假设：

假设 H3：情感依恋关系对礼金数量具有显著的影响。

假设 H4：工作顺从关系对礼金数量具有显著的影响。

假设 H5：生活卷入关系对礼金数量没有显著的影响。

二　“参照点效应”和四种情境

Thaler 的心理账户理论借鉴了 Kahneman 提出的“值函数”（Value Function）概念，而参照依赖性是值函数最重要的特征。行为经济学认为，人们每次决策的得失评价都是根据一定的参照点而进行的，参照点可能是现状、过去的经验或者头脑中某个期望值。参照点的变化影响人们对同一个结果的行为选择，这种规律被称为“参照点效应”（Reference Point）（Thaler，1985；Tversky & Kahneman，1991）。

礼金消费过程分为初次送礼和还礼两个阶段（陈云等，2005）。根据吉林榆树某村田野调查和小组访谈的结果，在初次送礼时，村民一般都参照当地风俗，即按照一般情况下别人赠送礼金的数量来决定；还礼时，一般都以收到对方礼金数目为参照，所还礼金数量与对方礼金数量基本相等，或者在考虑了时间等因素后略有增加。还礼时在对方礼金数目基础上增加一部分作为赠送礼金（葛振兴，2010；田维绪和高廷江，2010），礼金数量决策的占优策略是大于或等于对方期待的礼金数目（陈云等，2005）。

综上，礼金消费决策首次送礼的参照点是当地礼金风俗，还礼的参照点是收到对方礼金的数量。本书提出以下假设：

假设 H3a：初次送礼高礼金风俗情境下，情感依恋关系对礼金数量具有显著的正向影响。

假设 H3b：初次送礼低礼金风俗情境下，情感依恋关系对礼金数量具有显著的正向影响。

假设 H3c：还礼高礼金风俗情境下，情感依恋关系对礼金数量具有显著的正向影响。

假设 H3d：还礼低礼金风俗情境下，情感依恋关系对礼金数量具有显著的正向影响。

假设 H4a：初次送礼高礼金风俗情境下，生活卷入关系对礼金数量没有显著影响。

假设 H4b：初次送礼低礼金风俗情境下，生活卷入关系对礼金数量没有显著影响。

假设 H4c：还礼高礼金风俗情境下，生活卷入关系对礼金数量没有显著影响。

假设 H4d：还礼低礼金风俗情境下，生活卷入关系对礼金数量没有显著影响。

假设 H5a：初次送礼高礼金风俗情境下，工作顺从关系对礼金数量具有显著的正向影响。

假设 H5b：初次送礼低礼金风俗情境下，工作顺从关系对礼金数量具有显著的正向影响。

Burgoyne（1991）的研究揭示了与礼品相比，礼金缺乏必要的传达亲密关系信息的属性，并且可能会传递不恰当的关于双方相对地位的信息。

由此可以推断：还礼时，关系越亲密，送礼目的可能越单纯，仅限于维持关系的稳定；越不亲密，可能掺杂其他除维持关系稳定之外的工具性目的，导致赠礼者送出的礼金数目较大地偏离自己收到的礼金数目。本书提出以下假设：

假设 H5c：还礼高礼金风俗情境下，工作顺从关系对礼金数量具有显著的负向影响。

假设 H5d：还礼低礼金风俗情境下，工作顺从关系对礼金数量具有显著的负向影响。

三　其他影响礼金消费数目的因素

地位和子女人数影响礼金消费。当赠礼者比受礼者地位更高时，赠礼者倾向于选择礼品作为礼物，反之，则赠礼者倾向于选择礼金作为礼物（Webley & Wilson，1989）。刘军等

(2004)认为礼金消费事实上是一种特殊的资源分配和财富转移的方式，分配的结果是财富从子女较少的农户转移到子女较多的农户家庭，加入人情圈、参与人情消费还能得到正常人情往来带来的情感和其他方面的好处。

礼金刚性的影响。礼金消费的优势策略是不少于对方送给自己的礼金数量，这种礼金刚性的作用导致礼金不断攀升，攀升到一定程度，就成为了农民名副其实的负担（陈云，2005）。为了平衡礼金的支出和消费，在礼金刚性的作用下，也就是单次礼金数目不能递减的情况下，农民可能会设法增加收礼的机会，如此导致了人情消费名目越来越多，早已超出了婚丧嫁娶等基本项目。

综合以上假设，本章拟检验以下模型（如图5－1所示）：

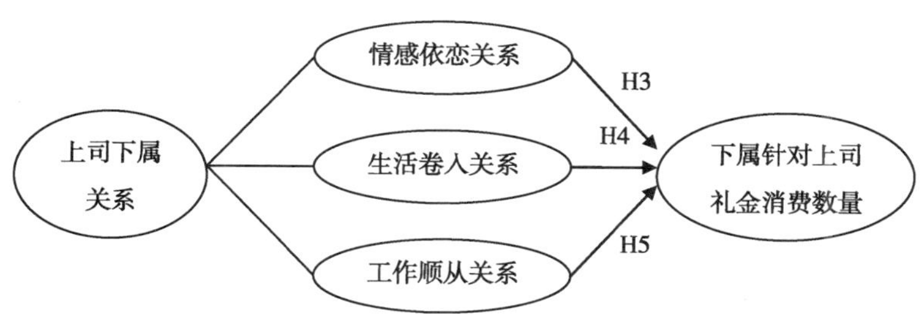

图5－1　人际关系和礼金数量决策研究模型

第三节　研究设计

一　研究样本

本研究数据来源于吉林榆树向阳镇的居民。我们共发放了440份问卷，剔除回答不完整和无效填写问卷后，回收了来自380位居民完整填写的问卷，有效率为86.3%。在样本结构方面，男性居多（占55.26%），平均家庭年收入在10万—15万元（SD＝1.54）。样本的分布特征如表5－1所示：

表 5 - 1 样本的分布特征

属性	分类	样本	百分比（%）	累计百分比（%）
性别	男	214	55.26	55.26
	女	166	44.74	100
家庭年收入（元/年）	1（5 万元以下）	82	21.6	21.6
	2（5 万—10 万元）	167	43.9	65.5
	3（10 万—15 万元）	55	14.5	80
	4（15 万—20 万元）	28	7.4	87.4
	5（20 万—30 万元）	32	8.4	95.8
	6（30 万—40 万元）	11	2.9	98.7
	7（40 万元以上）	5	1.3	100.0

二 变量测量

本研究为确保测量工具的效度及信度，尽量采用现有文献已使用过的量表，再根据本研究的目的加以适当修改作为搜集实证资料的工具。在人际关系概念的操作性定义及衡量方法上，主要采用 Chen 等（2009）论文中的量表，在问卷正式定稿与调查之前，先对部分居民进行了问卷的预调查，以评估问卷设计及用词上的恰当性，再根据预试者提供的意见对问卷进行了修订。

人际关系——采用 Chen 等（2009）论文中的量表，主要是因为该量表是组织和人力资源研究中被大量引用的著名量表，包含三个维度，全面测量工作和非工作场合的关系，工作顺从关系维度属于工作场合关系测量，情感依恋关系和生活卷入关系两个维度属于非工作场合关系测量。上司下属关系整体量表在本研究中的信度系数 Cronbach's α 为 0.77，情感依恋关系、生活卷入关系和工作顺从关系量表在本研究中的信度系数 Cronbach's α 分别为 0.78、0.82 和 0.76（大于管理学研究中常用的 0.70），这表明该测量工具具有良好的测量信度。

四种典型情境——根据吉林榆树礼金风俗（200 元为低礼金，1000 元为高礼金），是初次送礼或还礼设置以下四种送礼情境。

情境 1 高礼金初次：假如您的这位上司比您先结婚，请问您在当地礼金风俗为一般送 1000 元的情况下随礼的数目是____________元（请填写）。

情境 2 低礼金初次：假如您的这位上司比您先结婚，请问您在当地礼金风俗为一般送 200 元的情况下随礼的数目是____________元（请填写）。

情境 3 高礼金还礼：假如您的这位上司在您结婚后不久举办婚礼，请问您在他当初送了您 1000 元礼金的情况下随礼的数目是____________元（请填写）。

情境 4 低礼金还礼：假如您的这位上司在您结婚后不久举办婚礼，请问您在他当初送了您 200 元礼金的情况下随礼的数目是____________元（请填写）。

因变量——四种情境对应的礼金数量 1、2、3 和 4。

控制变量——由于缺乏人际关系对礼金消费影响的定量研究，我们将个体的背景变量、性别和家庭年收入作为控制变量。

以上变量除个体的背景变量外，情感依恋关系、生活卷入关系和工作顺从关系三个自变量均采用六点李克特量表施测，被试对六点量表评分，“1”代表“非常不同意”，“6”代表“非常同意”。

第四节　数据分析和结果

一　验证性因子分析

采用 AMOS17.0 做验证性因子分析（CFA）以检验量表效

度和量表结构稳定性。验证性因子分析（Confirmatory Factor Analysis，CFA）是用来测试一个因子与相对应的测量项目之间的关系是否符合研究者所设计的理论（王卫东，2010；吴明隆，2013）。待检验的模型参看上一章的人际关系测量模型（如图 4－2 所示）。

验证性因子分析结果如表 5－2 所示，无论是模型的整体拟合效果还是模型的效度，总体都达到了理想水平。首先，模型的拟合优度指标显示模型总体拟合效果良好，相对卡方小于 2，显著水平 0.005，适配度指标 GFI 和比较适合度指标 CFI、TLI 都在 0.9 以上，近似误差均方根 RMSEA 在 0.1 以下。其次，各题项即观察变量的值都在 P＝0.001 的水平上显著负载于其预期构念，所有负载系数都大于 0.5，表明观察变量能够有效地测量其对应的潜变量（构念），具有良好的聚敛效度（Anderson & Gerbing，1988）；同时关于建构信度 CR（Composite Reliability），反映观察变量是否能够测到潜在建构（变量）程度的指标，3 个构念（潜变量）的 CR 值都在 0.8 以上，显示量表具有良好的建构信度。最后，我们使用了平均萃取方差 AVE（Average Variance Extracted）来检验区别效度（Discriminant Validity），3 个潜变量的 AVE 都在 0.5 以上，表明量表有良好的区别效度。

综上可知，本研究使用的量表结构属性良好，量表中以单一衡量指标取代多重衡量指标是可行的（谢洪明，2007），以下用人际关系 3 个维度下题项的平均得分代表 3 个潜变量（因变量）的值。

表 5－2　验证性因子分析结果（n＝380）

潜变量	题项	负载	t 值	p 值
模型拟合度	$\chi^2=82.773$；df＝51；$\chi^2/df=1.623$ GFI＝0.900；CFI＝0.911；TLI＝0.914；RMSEA＝0.094			

续表

潜变量	题项	负载	t值	p值
情感依恋关系 CR = 0.824; AVE = 0.54	我的上司会和我分享工作生活中的思想、观点和感受	0.710		
	和上司沟通时我感到轻松和自然	0.625	4.782	***
	如果我的上司决定去另外一家公司工作，我会感到难过	0.663	4.841	***
	如果我的上司个人生活中有困难，我会尽力去帮他/她	0.750	5.150	***
生活卷入关系 CR = 0.831; AVE = 0.62	我愿意帮忙处理我上司的私事	0.626		
	下班之后我的上司和我会打电话或互相拜访	0.817	5.825	***
	非工作时间，我的上司和我会有不涉及工作的社交活动，如一起吃饭或者其他娱乐	0.763	5.681	***
	我了解上司的家庭组成情况	0.722	5.268	***
工作顺从关系 CR = 0.801; AVE = 0.52	工作中我会无条件地服从上司的命令	0.602		
	工作中当我和上司意见不一致时，我仍然会服从他/她的决定	0.712	4.278	***
	工作中我和上司目标有冲突时，我会放弃个人的目标达成上司的目标	0.719	4.264	***
	工作中我不会私下做出不利于上司的事	0.720	4.320	***

注：*** 表示 $p < 0.001$。

二 描述性统计分析

为了简化运算分析的过程，首先将以上所有变量进行了单一化处理（取该变量所有题项的均值作为该变量的值），由于这些变量具有良好的信度和效度，因此能够满足进行单一化处理的要求。表 5－3 总结了变量的平均值、标准差以及相关系数。从结果来看，情感依恋关系与礼金数量 1、2、3、4 正向相关；工作顺从关系与礼金数量 1 和 2 正相关，与礼金数量 3 和 4 负相关。

表 5－3 各主要变量的均值、标准差和变量间相关系数（n = 380）

变量	1	2	3	4	5	6	7	8	9
1. 性别	1								
2. 家庭年收入	-0.10	1							

续表

变量	1	2	3	4	5	6	7	8	9
3. 情感依恋关系	−0.33 **	−0.31 **	1						
4. 生活卷入关系	−0.14 *	0.04	0.31 **	1					
5. 工作顺从关系	−0.14 *	−0.02	0.12 *	0.21 **	1				
6. 礼金数量 1	0.31 **	−0.33 **	0.33 **	0.03	0.25 **	1			
7. 礼金数量 2	0.34 **	0.26 **	0.32 **	−0.09	0.26 **	0.61 **	1		
8. 礼金数量 3	0.17 **	0.03	0.39 **	−0.03	−0.18 *	0.22 **	0.33 **	1	
9. 礼金数量 4	0.18 **	−0.04	0.36 **	−0.08	−0.16 *	0.15 *	0.33 **	0.62 **	1
平均值（M）	0.55	2.68	4.35	4.12	3.85	3.08	2.41	3.05	2.38
标准差（SD）	0.45	1.54	0.78	0.92	0.78	0.26	0.28	0.22	0.20

注：（1）* 表示 $p<0.05$，** 表示 $p<0.01$。

（2）性别：0 代表“女”，1 代表“男”；

（3）家庭年收入：1 = 5 万元以下，2 = 5 万—10 万元，3 = 10 万—15 万元，4 = 15 万—20 万元，5 = 20 万—30 万元，6 = 30 万—40 万元；7 = 40 万元以上。

三 假设检验分析

对于假设 3、假设 4 和假设 5（主效应）的检验，为使得因变量礼金数量更符合正态分布假设，先对其取底数为 10 的对数，然后在引入控制变量的基础上，将自变量放进回归方程，分析人际关系在四种情境下对消费者礼金数量决策的影响。回归分析结果如表 5 – 4 所示。

针对假设 3 情感依恋关系对礼金数量的影响，从表 5 – 4 呈现的回归系数可知，情感依恋关系在四种情境下对礼金消费数量都有显著的正向影响，情境 1（$\beta = 0.23$，$p < 0.001$），情境 2（$\beta = 0.22$，$p < 0.001$），情境 3（$\beta = 0.32$，$p < 0.001$），情境 4（$\beta = 0.30$，$p < 0.001$），假设 3a、3b、3c 和假设 3d 得到了数据的支持。

针对假设 4，生活卷入关系在四种情境下对礼金消费数量的影响都不显著，情境 1（$\beta = 0.01$，ns），情境 2（$\beta = -0.05$，ns），情境 3（$\beta = -0.06$，ns），情境 4（$\beta = -0.05$，ns），假

设4a、4b、4c和假设4d通过了数据检验。

针对假设5，工作顺从关系在前两种情境下对礼金消费数量有显著的正向影响，情境1（$\beta = 0.18$，$p < 0.001$），情境2（$\beta = 0.20$，$p < 0.001$），假设5a和假设5b得到了数据的支持；在后两种情境下对礼金消费数量有显著的负向影响，情境3（$\beta = -0.15$，$p < 0.01$），情境4（$\beta = -0.14$，$p < 0.05$），假设5c和假设5d通过了数据检验。

表5-4 主效应回归结果（n=380）

	情境1	情境2	情境3	情境4
控制变量				
性别	0.40***	0.39***	0.29***	0.28***
家庭年收入	0.40***	0.32***	0.16**	0.09
自变量				
情感依恋关系	0.23***	0.22***	0.32***	0.30***
生活卷入关系	0.01	-0.05	-0.06	-0.05
工作顺从关系	0.18***	0.20***	-0.15**	-0.14*
R^2	0.29	0.25	0.11	0.10
F值	26.67	21.40	8.05	6.80

注：因变量为礼金数量；***表示 $p < 0.001$，**表示 $p < 0.01$，*表示 $p < 0.05$。

第五节 讨论与结论

一 理论意义

首先，探讨了人际关系的三个维度对消费者礼金数量决策的不同影响。情感依恋关系和工作顺从关系维度对礼金数量都有显著的影响；而生活卷入关系维度的影响不显著，原因是其类似于混合性关系（Chen et al.，2013），因为同时包含较多的情感性和工具性成分，使得被委托人不知依据何种法则与请托人互动，从而陷入“人情困境”（Hwang，2000）。

其次，验证了四种典型送礼情境下，人际关系对礼金数量决策影响的稳定性。四种典型情境下，情感依恋关系、生活卷入关系和工作顺从关系对礼金数量决策的影响保持稳定。四种情境下情感依恋关系对礼金数量都有显著的正向影响；生活卷入关系对礼金数量都没有显著影响；而工作顺从关系在初次送礼，即前两种情境下对礼金数量都有显著的正向影响，在还礼，即后两种情境下都有显著的负向影响。

二 实践意义

礼金消费是中国的一种重要的人情消费形式，尤其在农村，礼金消费支出占农民年收比重较高（陈云等，2005；牛娜，2010），是人情消费中占比最大的一种形式（胡昌方，2001；闫真，2011）。人际关系不同维度对礼金消费影响不同的研究结果，有助于宣传和引导消费者树立科学理性的人情消费观念。

四种情境下情感依恋关系对礼金数量都有显著的稳定的正向影响，应当宣传和引导消费者树立礼金消费“贵不昂贵，贵适合”的科学消费观念。尤其在给高情感依恋关系的对象送礼金时，应该倡导礼金消费重“情”而非“亲”钱，人际关系的好坏，感情的深浅不应该和礼金数量的多寡挂钩，中华传统文化就有“千里送鹅毛，礼轻情意重”的阐释。在生日、乔迁等人情消费事件中，还应该提倡用自产或自制的礼品代替礼金，表达自己的心愿，可能会达到比赠送礼金更好的效果。

工作顺从关系在还礼的两种情境下，对礼金数量有显著的负向影响，给我们的启示为：高工作顺从关系反而能降低居民礼金消费的负担。在工作中形成的高工作顺从关系，使得下属还礼时礼金消费目的更加单纯，仅限于维持稳定的关系，“情感性”因素增加，“工具性”因素减少。

三　结论

人际关系的三个维度对消费者礼金消费数量的影响不尽相同，但在四种典型情境下其影响保持稳定。四种情境下情感依恋关系对礼金数量都具有显著的正向影响，生活卷入关系度对礼金数量的影响都不显著，工作顺从关系在初次送礼的两种情境下对礼金数量具有显著的正向影响，而在还礼的两种情境下都是显著的负向影响。

第六章

人际关系对礼品消费决策的影响

第一节　引言

礼品消费决策是消费者行为领域的一个重要问题，已有众多学者对此问题展开研究（Keller，1993；Low & Lamb，2000；Parsons et al.，2011）。礼品消费行为（Gift Consumption Behavior）研究的核心是礼品消费的动机问题，动机决定礼品消费行为（Sherry，1983；Komter，1997；Joy，2001）。该领域研究目前聚焦于中国特有的文化价值观人情、面子和关系（Yau，Chan & Lau，1999；Chan，Wan & Sin，2009；郑玉香和薛珈，2011），以及社会参照群体对礼品消费决策的影响（Giesler，2006；Tina，2006；Liu et al.，2010）。

礼品消费是基于一定的人情圈，即人际关系基础上的消费（李祥忠，2008；牛娜，2010；Chen et al.，2013），但由于该领域缺少对现代人际关系进行有效测量的量表，相关研究大多基于对传统人际关系简单的定性分类（蒋廉雄等，2007；金晓彤等，2010；Parsons et al.，2011；Chua & Wellman，2015），人际关系对礼品消费决策影响的定量研究基本处于空白状态。因此，本章的主要任务是修改和引入组织管理领域关于人际关系测量的量表，经过信度、效度测量后，用于人际关系在消费者礼品购买时对产品属性和卷入度影响的实证研究。

根据中国礼品产业研究院的数据，2013 年中国礼品市场的规模约为8000 亿元。但偌大的礼品行业里，企业多而小，品牌意识还不强，比如深圳礼品行业近 2000 家，有自己注册商标的企业还不到 20%（徐婷，2013）。本研究的结论将为国内礼品企业的产品和品牌定位及沟通提供消费者视角的理论基础。

第二节 立论依据与研究假设

一 人际关系在消费者礼品购买时对产品属性偏好的影响

礼品购买决策的因变量是指决策的内容，主要包括品牌的选择，购买礼物的数量，选购的卷入度和花费的时间，礼品的质量、功能和价格，等等。

Andrus 等（1986）以服装企业为例研究消费者选购礼品时的品牌偏好，得出的结论是消费者购买礼品时，为降低受礼者可能由于低估礼品象征性价值从而对双方关系造成影响的风险，而愿意购买高品质的服装品牌。Wang，Razzaque 和 Keng（2007）的研究发现：中国的文化价值观、人际关系等显著影响赠礼者购买礼物的品牌倾向，其中品牌倾向涉及品牌的名称和知名度，以及是否偏好中国品牌这 3 项内容。张喆和张知为（2013）以认知一致性理论为基础，研究了赠礼情境下自我构念对品牌显著度偏好的影响。

消费者在为不同关系（Relationship）的对象购买礼品时，关系越亲密（譬如近亲）越重视品牌的体验性利益（外观独特、有趣等）；越疏远（如远亲和老板）越重视品牌的功能性（实用、有用性等）利益（Parsons et al.，2002）。对于不同关系的对象送来的礼品，受礼者的期望也不同，持续时间短譬如认识不久的关系，受礼者期望收到功能性礼品（Parsons et al.，

2011）。

在金晓彤等（2010）的研究中，质量和功能都被列为产品的内在属性。由此，本书提出以下假设：

假设H6a：情感依恋关系在消费者礼品购买时对产品质量的偏好具有负向的影响。

假设H6b：情感依恋关系在消费者礼品购买时对产品功能的偏好具有负向的影响。

假设H6c：工作顺从关系在消费者礼品购买时对产品质量的偏好具有正向的影响。

假设H6d：工作顺从关系在消费者礼品购买时对产品功能的偏好具有正向的影响。

对于工具性关系的受礼者，赠礼者偏好购买昂贵品牌和高价格的礼品；对于混合性关系的受礼者，赠礼者重视价格因子和知名品牌因子；对于情感性关系的受礼者，则品牌因子的得分均值低于前面两者（蒋廉雄等，2007）。在金晓彤等（2010）的研究中，价格和品牌一同被列为产品的外在属性。

人际关系量表中的情感依恋关系、生活卷入关系和工作顺从关系维度分别与情感性关系、混合性关系以及工具性关系相类似（Chen et al.，2013）。由此提出以下假设：

假设H6e：情感依恋关系在消费者礼品购买时对产品品牌的偏好具有负向的影响。

假设H6f：情感依恋关系在消费者礼品购买时对高价格产品的偏好具有负向的影响。

假设H6g：工作顺从关系在消费者礼品购买时对产品品牌的偏好具有正向的影响。

假设H6h：工作顺从关系在消费者礼品购买时对高价格产品的偏好具有正向的影响。

二　人际关系在消费者礼品购买时对卷入度的影响

卷入度是指消费者基于内在需要、价值观和利益，对于某客体的感知关联性（Bauer et al.，2006）。

Wang，Razzaque 和 Keng（2007）研究发现中国的文化价值观、人际关系等显著影响赠礼者购买礼物的卷入度。购买者对人际关系的重视程度会影响其对礼品选择的卷入度（Belk，1981；Laroche et al.，2000）。

由此可以推断：为不同关系的受礼者选购礼品，赠礼者购买产品时的卷入程度不同。本书提出以下假设：

假设 H7a：情感依恋关系在消费者礼品购买时对卷入度的象征性维度具有正向的影响。

假设 H7b：生活卷入关系在消费者礼品购买时对卷入度的象征性维度具有正向的影响。

假设 H7c：工作顺从关系在消费者礼品购买时对卷入度的象征性维度具有正向的影响。

假设 H7d：情感依恋关系在消费者礼品购买时对卷入度的重要性维度具有正向的影响。

假设 H7e：生活卷入关系在消费者礼品购买时对卷入度的重要性维度具有正向的影响。

假设 H7f：工作顺从关系在消费者礼品购买时对卷入度的重要性维度具有正向的影响。

假设 H7g：情感依恋关系在消费者礼品购买时对卷入度的时间性维度具有正向的影响。

假设 H7h：生活卷入关系在消费者礼品购买时对卷入度的时间性维度具有正向的影响。

假设 H7i：工作顺从关系在消费者礼品购买时对卷入度的时间性维度具有正向的影响。

综合以上假设，本章拟检验以下模型（如图 6 - 1 所示）。

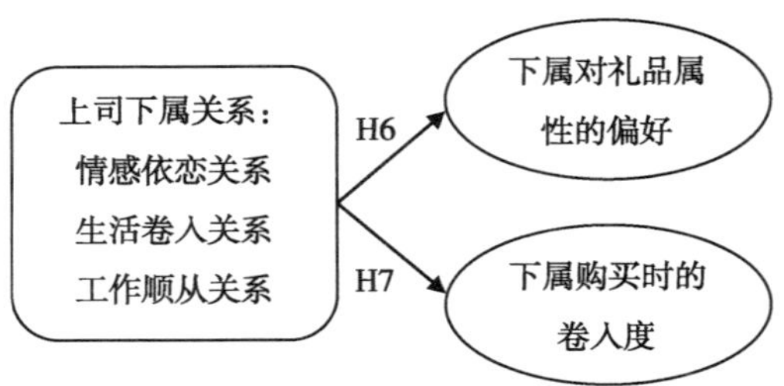

图 6－1 人际关系和礼品消费决策研究模型

第三节 研究设计

一 研究样本

本研究数据来源于江西南昌一所高校的 EMBA 学员。我们共发放了 398 份问卷，剔除回答不完整和无效填写问卷后，回收了来自 340 名学员完整填写的问卷，有效率为 85.4%。在样本结构方面，男性居多（占 61.1%），平均家庭年收入在 15 万—20 万元（SD＝1.68）。

表 6－1 样本的分布特征

属性	分类	样本	百分比（%）	累计百分比（%）
性别	男	208	61.1	61.1
	女	132	39.9	100
家庭年收入（元/年）	1（5 万元以下）	58	17.1	17.1
	2（5 万—10 万元）	102	30.0	47.1
	3（10 万—15 万元）	54	15.9	63
	4（15 万—20 万元）	42	12.4	75.4
	5（20 万—30 万元）	45	13.2	88.6
	6（30 万—40 万元）	24	7.0	95.6
	7（40 万元以上）	15	4.4	100.0

二　变量测量

本研究为确保测量工具的效度及信度，尽量采用现有文献已使用过的量表，再根据本研究的目的加以适当修改作为搜集实证资料的工具。在人际关系概念的操作性定义及衡量方法上，主要采用 Chen 等（2009）论文中的量表，在问卷正式定稿与调查之前，先对培训学校的部分学员进行了问卷的预调查，以评估问卷设计及用词上的恰当性，再根据预试者提供的意见对问卷进行了修订。

人际关系——采用 Chen 等（2009）论文中的量表，主要是因为该量表是组织和人力资源研究中被大量引用的著名量表，包含三个维度，全面测量工作和非工作场合的关系，工作顺从关系维度属于工作场合关系测量，情感依恋关系和生活卷入关系两个维度属于非工作场合关系测量。上司下属关系整体量表在本研究中的信度系数 Cronbach's α 为 0.79，情感依恋关系、生活卷入关系和工作顺从关系量表在本研究中的信度系数 Cronbach's α 分别为 0.80、0.85 和 0.80（大于管理学研究中常用的 0.70），这表明该测量工具具有良好的测量信度。

产品属性——对消费者购买决策类型量表进行删改并进行适用性检验。Sproles 和 Kendall（1986）开发的 CSI（Consumer Style Invention）量表被购买决策类型的研究大量引用。由于文化的影响，该量表对不同国家消费者的适用程度不同。对品牌、价格和质量的测量，我们主要参照了 Fan 和 Xiao（1998），以及蒋廉雄、卢泰宏和邹璐（2007）在研究中证实的适合中国消费者的题项，选取二者中共有的题项，删除明显不符合研究测量目的的题项，以及 Hiu 等（2001）对中国消费者研究中确认不适合中国消费者填答的问项。对产品功能的测量，主要参考 Parsons（2011）研究中使用的量表题项。

根据中国人的思维和理解习惯对以上量表的题项进行翻

译。翻译后的量表结合文中实验情境进行小规模约 20 人左右的预测试，检验目标被试对问卷量表的理解，然后组织 8 人的座谈小组（Focus Group）讨论如何修改措辞，修改后再进行预测试，直到被试能够轻松并正确理解翻译后的量表。最后，由 2 位营销教授对照原英文量表核对翻译是否准确忠实于原文，根据他们的建议对翻译量表进行了个别题项的修改。

对产品属性量表进行适用性检验以确定研究中正式使用的量表。主要通过信度分析和探索性因子分析反复进行的方法，对问题进行删除和精简（吴明隆，2010；林嵩，2008）。

采用 SPSS17.0 反复进行信度分析和探索性因子分析。先利用信度分析进行项目净化，对达不到以下标准的问项予以删除：删除该题项后 Cronbach's α 系数提高的题项、item-total 相关系数小于 0.3 的题项。信度分析的结果：删除第 5 个题项后，信度提高到 0.852；剩余 16 个题项（如表 6－2 所示）的总体信度为 0.831，问卷总体上有较好的信度。所有构念的信度都大于 0.8，质量、功能、昂贵品牌、知名品牌和价格因子的信度分别为 0.852、0.868、0.911、0.851 和 0.915，表明研究使用的量表有可靠的内部一致性信度，如表 6－2 所示。

表 6－2　　产品属性测量量表题项净化结果

题项：当您在某情境（略）购买一部手机作为礼物送给对方，您会（　）？	测项—总体相关系数（CITC）	删除该测项后 α 系数	内部一致性 α 系数
我会耐心地、仔细地选购最佳的产品	0.607	0.847	0.852
我对买给对方的产品的标准及期望是非常高的	0.736	0.793	
我会特别花心思选购质量最好的产品	0.726	0.797	
我会设法购买质量最佳的或者最完美的产品	0.725	0.801	
我会耐心地、仔细地选购最实用的产品	0.686	0.870	0.868
我会耐心地、仔细地选购最适用的产品	0.809	0.759	
我会耐心地、仔细地选购最贴心的产品	0.752	0.810	
买给对方的产品越贵代表品质越高	0.820	0.875	0.911

续表

题项：当您在某情境（略）购买一部手机作为礼物送给对方，您会（　）？	测项—总体相关系数（CITC）	删除该测项后 α 系数	内部一致性 α 系数
昂贵的品牌是送给对方的最佳选择	0.858	0.842	
我会选择最昂贵的品牌送给对方	0.790	0.899	
我会购买知名品牌送给对方	0.771	0.758	0.851
知名品牌是送给对方的最好礼品	0.753	0.761	
经常做广告的品牌通常是送给对方最好的选择	0.656	0.857	
我通常会选购平价的产品送给对方	0.898	0.817	0.915
我在购买产品送给对方时会首先考虑价格	0.848	0.862	
我会小心留意自己在给对方购买产品时所花的费用	0.745	0.914	

为了检验量表结构合理性，也就是该量表是否能够测量和区分产品属性的四个不同维度，本研究对量表中的 16 个问项进行了探索性因子分析。探索性因子分析（Exploratory Factor Analysis，EFA）可以将具有复杂关系的许多变量缩减为少数几个核心因子，从而发现变量内部维度的本质结构，并且达到浓缩数据的作用（邱皓政，2009；易丹辉，2008）。

首先，通过构造变量相关矩阵，初步检测各测项是否存在相关关系。之后通过 KMO 值检验以及 Bartlett's 球形检验进行适合度检验。KMO 值越大（大于 0.6），Bartlett's 球形检验的 Chi-Square 达到显著水平，则表明题项间共同因素越多，越适合进行因子分析。分析结果如表 6－3 所示：该量表的 KMO = 0.791，Bartlett's 球形检验 Chi-Square = 1087.551（df = 136），$p < 0.001$，因此可以认为检验结果适合进行因子分析。

表 6－3　KMO 值检验和 Bartlett's 球形检验结果

KMO 取样适度性测量值	0.791
Bartlett's 球形检验	
近似卡方值	1087.551

续表

自由度	136
显著性水平	p<0.001

其次，设立特征值大于1进行主成分分析，通过方差最大法（Varimax）进行正交旋转，抽取因子。共获得特征值大于1的主成分因子4个。它们解释的累积方差为74.29%，说明4个主成分因子解释了大部分变异，因子的提炼合理，量表结构能够反映产品属性的四个维度。

最后，根据Podsakoff和Organ（1986）提议的Harman单因子检测方法验证数据同源性方差（Common Method Variance）问题。本量表获得的第一个因子占到载荷量的31.731%，其他三个因子分别为24.407%、11.708%和6.446%，都没有占到多数，所以样本数据的同源性偏差问题在本研究中并不明显。因子负载矩阵表如表6－4所示。

表6－4　　产品属性分类因子负载矩阵表

题项：当您在某情境（略）购买一部手机作为礼物送给对方，您会（　）？	因子1 品牌	因子2 质量	因子3 价格	因子4 功能
我会耐心地、仔细地选购最佳的产品	0.129	0.784	0.052	0.057
我对买给对方的产品的标准及期望是非常高的	0.231	0.813	0.079	0.111
我会特别花心思选购质量最好的产品	0.290	0.722	0.016	0.279
我会设法购买质量最佳的或者最完美的产品	0.300	0.721	-0.011	0.250
我会耐心地、仔细地选购最实用的产品	-0.096	0.273	0.139	0.830
我会耐心地、仔细地选购最适用的产品	-0.127	0.456	0.134	0.695
我会耐心地、仔细地选购最贴心的产品	-0.178	0.495	0.050	0.614
买给对方的产品越贵代表品质越高	0.871	0.116	-0.093	-0.042
昂贵的品牌是送给对方的最佳选择	0.818	0.263	-0.212	-0.051
我会选择最昂贵的品牌送给对方	0.863	0.054	-0.102	-0.107

续表

题项：当您在某情境（略）购买一部手机作为礼物送给对方，您会（ ）？	因子1 品牌	因子2 质量	因子3 价格	因子4 功能
我会购买知名品牌送给对方	0.783	0.277	-0.079	0.136
知名品牌是送给对方的最好礼品	0.860	0.175	-0.050	-0.033
经常做广告的品牌通常是送给对方最好的选择	0.781	0.059	0.042	-0.060
我通常会选购平价的产品送给对方	-0.142	0.067	0.945	0.060
我在购买产品送给对方时会首先考虑价格	-0.090	0.125	0.926	0.067
我会小心留意自己在给对方购买产品时所花的费用	-0.078	-0.042	0.851	0.232
方差贡献率（%）	31.731	24.407	11.708	6.446
累计方差贡献率（%）	31.731	56.138	67.846	74.292

信度分析和探索性因子分析的结果表明，本研究使用的产品属性量表有可靠的内部一致性信度，并且能够反映产品属性的四个维度。

购买卷入度——对 Hiu 等（2001），以及 Bauer，Sauer 和 Becker（2006）研究中使用的量表进行删改并进行适用性检验。根据购物常识，时间花费和卷入度有正相关关系，所以本书在 Bauer，Sauer 和 Becker（2006）的量表基础上增加了时间因子，时间测量采用 Hiu 等（2001）的量表。

根据中国人的思维和理解习惯对以上量表的题项进行翻译。翻译后的量表结合文中实验情境进行小规模约 20 人左右的预测，检验目标被试对问卷量表的理解并修改措辞，修改后再进行预测试，直到被试能够轻松并正确理解翻译后的量表。最后，由 2 位营销教授对照原英文量表核对翻译是否准确忠实于原文，根据他们的建议对量表进行了个别题项的修改。

同产品属性量表一样，我们对卷入度量表也进行适用性检验以确定研究中正式使用的量表。主要通过信度分析和探索性因子分析反复进行的方法，对问题和测项进行删除和精简。

探索性因子分析结果是，卷入度量表只包含 3 个因子，象征性、重要性和时间性，所以我们删除了 Bauer，Sauer 和 Becker（2006）量表中“乐趣”（Pleasure）因子及其下题项。再利用信度分析进行项目净化，对达不到以下标准的问项予以删除：删除该题项后 Cronbach's α 系数提高的题项、item-total 相关系数小于 0.3 的题项。信度分析的结果：删除第 5 个题项后，重要性因子信度提高到 0.905；10 个题项（如表 6－5 所示）的总体信度为 0.748，问卷总体上有较好的信度；象征性、重要性和时间性 3 个构念的信度分别为 0.794、0.904 和 0.911，表明研究使用的量表有可靠的内部一致性信度。

表 6－5　　　　产品卷入度测量量表题项净化结果

题项：当您为维持或增进与直系亲属的情感关系，在对方乔迁之喜（过年或过节）时为他（她）购买礼物，您认为（　）？	测项—总体相关系数（CITC）	删除该测项后 α 系数	内部一致性 α 系数
礼品会传达我的部分信息	0.564	0.762	0.794
礼品帮助我表达了个性	0.629	0.737	
礼品不会反映我的个性	0.715	0.690	
礼品是对自身形象的一种表达	0.560	0.784	
我对送什么礼品给对方不在意	0.815	0.863	0.904
我对送什么礼品给对方无所谓	0.860	0.824	
送什么礼品给对方对我而言无关紧要	0.768	0.902	
去不同的商店为对方选购礼品浪费我的时间	0.727	0.782	0.911
我喜欢为对方购买礼品，因为它给我带来乐趣	0.688	0.823	
我会花比较多的时间为对方购买礼品	0.746	0.767	

为了检验量表结构的合理性，即该量表是否能够测量和区分消费者卷入度的各个维度，本研究对翻译过来的量表中的 10 个问项进行了探索性因子分析。

首先，通过构造变量相关矩阵，初步检测各测项是否存在相关关系。之后通过 KMO 值以及 Bartlett's 球形检验进行适合度检验。KMO 值越大（大于 0.6），Bartlett's 球形检验的 Chi-Square 达到显著水平，则表明题项间共同因素越多，越适合进行因子分析。分析结果如表 6－6 所示：该量表的 KMO =

0.687，Bartlett's 球形检验 Chi - Square = 350.793（df = 45），p < 0.001，因此可以认为检验结果适合进行因子分析。

表 6-6 KMO 值检验和 Bartlett's 球形检验结果

KMO 取样适度性测量值	0.687
Bartlett's 球形检验	
近似卡方值	350.793
自由度	45
显著性水平	p < 0.001

其次，设立特征值大于 1 进行主成分分析，通过方差最大法（Varimax）进行正交旋转，抽取因子。共获得特征值大于 1 的主成分因子 3 个，它们解释的累积方差为 74.662%，说明 3 个主成分因子解释了大部分变异，因子的提炼合理，量表结构能够反映消费者卷入度的三个维度。

最后，根据 Podsakoff 和 Organ（1986）提议的 Harman 单因子检测方法验证数据同源性方差（Common Method Variance）问题。本量表获得的第一个因子占到载荷量的 31.655%，其他两个因子分别为 29.756%、13.251%，都没有占到多数，所以样本数据的同源性偏差问题在本研究中并不明显。因子负载矩阵表如表 6-7 所示。

信度分析和探索性因子分析的结果表明，本研究使用的产品卷入度量表有可靠的内部一致性信度，并且能够反映消费者卷入度的三个维度。

控制变量——由于缺乏人际关系在礼品购买时对产品属性和购买卷入度影响的定量研究，我们将个体的背景变量、性别和家庭年收入作为控制变量。

以上变量除个体的背景变量外，其余变量均采用六点李克特量表施测，被试对六点量表评分，"1"代表"非常不同意"，"6"代表"非常同意"。

表 6-7　　产品卷入度分类因子负载矩阵表

题项：当您为维持或增进与直系亲属的情感关系，在对方乔迁之喜（过年或过节）时为他（她）购买礼物，您认为（　）？	因子1 重要性	因子2 象征性	因子3 时间
礼品会传达我的部分信息	0.017	0.754	0.042
礼品帮助我表达了个性	-0.077	0.819	0.086
礼品不会反映我的个性	-0.090	0.866	0.098
礼品是对自身形象的一种表达	-0.152	0.681	0.264
我对送什么礼品给对方不在意	0.906	-0.021	0.166
我对送什么礼品给对方无所谓	0.951	-0.068	0.029
送什么礼品给对方对我而言无关紧要	0.853	-0.185	0.181
去不同的商店为对方选购礼品浪费我的时间	0.260	0.133	0.824
我喜欢为对方购买礼品，因为它给我带来乐趣	0.047	0.078	0.878
我会花比较多的时间为对方购买礼品	0.094	0.199	0.862
方差贡献率（%）	31.655	29.756	13.251
累计方差贡献率（%）	31.655	61.411	74.662

第四节　数据分析和结果

一　验证性因子分析

采用 AMOS17.0 做验证性因子分析（CFA）以检验量表效度。验证性因子分析结果如表 6-8 所示，无论是模型的整体拟合效果还是模型的效度，总体都达到了理想水平。

首先，模型的拟合优度指标显示模型总体拟合效果良好，相对卡方小于 2，显著水平 0.005，适配度指标 GFI 和比较适合度指标 CFI、TLI 都在 0.9 以上，近似误差均方根 RMSEA 在 0.1 以下。其次，各题项即观察变量的值都在 P=0.001 的水平上显著负载于其预期构念，所有负载系数都大于 0.5，表明观察变量能够有效地测量其对应的潜变量（构念），具有良好的聚敛效度（Anderson & Gerbing, 1988）；同时关于建构信度

CR（Composite Reliability），反映观察变量是否能够测到潜在建构（变量）程度的指标，10 个构念（潜变量）的 CR 值都在 0.8 以上，显示量表具有良好的建构信度。最后，我们使用了平均萃取方差 AVE（Average Variance Extracted）来检验区别效度（Discriminant Validity），10 个潜变量的 AVE 都在 0.5 以上，表明量表有良好的区别效度。

综上可知，本研究使用的量表结构属性良好，量表中以单一衡量指标取代多重衡量指标是可行的（谢洪明，2007），以下用 10 个变量下属题项的平均得分代表 10 个潜变量（自变量和因变量）的值。

表 6－8　　验证性因子分析结果（n＝340）

潜变量	题项	负载	t 值	p 值
模型拟合度	χ^2 ＝965.34；df＝620；χ^2/df＝1.557；GFI＝0.912；CFI＝0.925；TLI＝0.924；RMSEA＝0.078			
情感依恋关系 CR＝0.806；AVE＝0.55	我的上司会和我分享工作生活中的思想、观点和感受	0.653		
	和上司沟通时我感到轻松和自然	0.613	4.714	***
	如果我的上司决定去另外一家公司工作，我会感到难过	0.632	4.841	***
	如果我的上司个人生活中有困难，我会尽力去帮他/她	0.710	5.160	***
生活卷入关系 CR＝0.813；AVE＝0.59	我愿意帮忙处理我上司的私事	0.635		
	下班之后我的上司和我会打电话或互相拜访	0.776	5.822	***
	非工作时间，我的上司和我会有不涉及工作的社交活动，如一起吃饭或者其他娱乐	0.742	5.645	***
	我了解上司的家庭组成情况	0.706	5.403	***
工作顺从关系 CR＝0.782；AVE＝0.52	工作中我会无条件地服从上司的命令	0.550		
	工作中当我和上司意见不一致时，我仍然会服从他/她的决定	0.677	4.401	***
	工作中我和上司目标有冲突时，我会放弃个人的目标达成上司的目标	0.684	4.450	***
	工作中我不会私下做出不利于上司的事	0.690	4.460	***
质量 CR＝0.842；AVE＝0.64	我会耐心地、仔细地选购最佳的产品	0.646		
	我对买给对方的产品的标准及期望是非常高的	0.772	6.037	***
	我会特别花心思选购质量最好的产品	0.827	6.337	***
	我会设法购买质量最佳的或者最完美的产品	0.829	6.349	***

续表

潜变量	题项	负载	t 值	p 值
功能 CR = 0.878； AVE = 0.707	我会耐心地、仔细地选购最实用的产品	0.748		
	我会耐心地、仔细地选购最适用的产品	0.910	8.317	***
	我会耐心地、仔细地选购最贴心的产品	0.841	7.933	***
品牌 CR = 0.935； AVE = 0.677	买给对方的产品越贵代表品质越高	0.875		
	昂贵的品牌是送给对方的最佳选择	0.879	11.468	***
	我会选择最昂贵的品牌送给对方	0.848	10.690	***
	我会购买知名品牌送给对方	0.762	8.877	
	知名品牌是送给对方的最好礼品	0.842	10.556	***
	经常做广告的品牌通常是送给对方最好的选择	0.699	7.771	***
价格 CR = 0.828； AVE = 0.62	我通常会选购平价的产品送给对方	0.990		
	我在购买产品送给对方时会首先考虑价格	0.904	14.955	***
	我会小心留意自己在给对方购买产品时所花的费用	0.766	10.105	***
象征性 CR = 0.816； AVE = 0.61	礼品会传达我的部分信息	0.557		
	礼品帮助我表达了个性	0.808	4.494	***
	礼品不会反映我的个性	0.910	4.563	***
	礼品是对自身形象的一种表达	0.566	3.617	***
重要性 CR = 0.852； AVE = 0.65	我对送什么礼品给对方不在意	0.884		
	我对送什么礼品给对方无所谓	0.935	10.206	***
	送什么礼品给对方对我而言无关紧要	0.813	8.483	***
时间 CR = 0.873； AVE = 0.74	去不同的商店为对方选购礼品浪费我的时间	0.834		
	我喜欢为对方购买礼品，因为它给我带来乐趣	0.750	6.263	***
	我会花比较多的时间为对方购买礼品	0.846	6.830	***

注：*** 表示 $p < 0.001$。

二 描述性统计分析

为了简化运算分析的过程，首先将以上所有变量进行了单一化处理（取该变量所有题项的均值作为该变量的值），由于这些变量具有良好的信度和效度，因此能够满足进行单一化处理的要求。表 6-9 总结了变量的平均值、标准差以及相关系数。从结果来看，情感依恋关系与质量、功能、品牌负向相关，与象征性及重要性正向相关；生活卷入关系与质量、功能、价格，以及象征性、重要性和时间因子正向相关；工作顺从关系与功能、品牌和时间正向相关，与价格负向相关。

表 6－9　各主要变量的均值、标准差和变量间相关系数（n＝340）

变量	1	2	3	4	5	6	7	8	9	10	11	12
1. 性别	1											
2. 家庭年收入	-0.09	1										
3. 情感依恋关系	-0.33 **	-0.31 **	1									
4. 生活卷入关系	-0.14 *	0.03	0.31 **	1								
5. 工作顺从关系	-0.14 *	-0.02	0.12 *	0.21 **	1							
6. 质量	0.09	-0.17 **	-0.18 *	0.19 **	0.09	1						
7. 功能	-0.14 *	-0.11 *	-0.17 **	0.13 *	0.22 **	0.61 **	1					
8. 品牌	-0.10	0.29 **	-0.20 **	0.07	0.11 *	0.17 **	-0.07	1				
9. 价格	-0.11 *	0.15 **	-0.01	0.18 **	-0.21 **	0.08	-0.15 **	0.62 **	1			
10. 象征性	-0.20 **	0.15 **	0.39 **	0.41 **	-0.03	0.27 **	0.06	0.34 **	0.27 **	1		
11. 重要性	-0.15 **	0.26 **	0.29 **	0.21 **	-0.03	-0.28 **	0.02	0.22 **	0.06	0.21 **	1	
12. 时间	-0.09	0.05	0.05	0.41 **	0.19 **	-0.03	0.29 **	0.12 *	-0.18 **	0.20 **	-0.12 *	1
平均值（M）	0.61	3.06	4.26	4.09	3.87	4.55	4.79	3.35	4.03	4.60	4.98	4.44
标准差（SD）	0.47	1.68	0.79	0.91	0.80	0.79	0.79	0.98	0.88	0.65	0.67	0.61

注：（1）* 表示 $p<0.05$，** 表示 $p<0.01$；

（2）性别：0 代表“女”，1 代表“男”；

（3）家庭年收入：1＝5 万元以下，2＝5 万—10 万元，3＝10 万—15 万元，4＝15 万—20 万元，5＝20 万—30 万元，6＝30 万—40 万元，7＝40 万元以上。

三　假设检验分析

对于假设 6 和假设 7（主效应）的检验，在引入控制变量的基础上，我们将自变量放进回归方程，分析人际关系在消费者礼品购买时对产品属性和卷入度的影响。回归分析结果如表 6－10 所示。

针对假设 6 人际关系对产品属性的影响，从表 6－10 呈现的回归系数可知，情感依恋关系对质量（$\beta=-0.26$，$p<$

0.001）有显著的负向影响，假设6a得到了数据的支持；情感依恋关系对功能（$\beta = -0.45$，$p < 0.001$）有显著的负向影响，假设6b得到了数据的支持；工作顺从关系对质量（$\beta = 0.06$，ns）影响不显著，假设6c未能通过了数据检验；工作顺从关系对功能（$\beta = 0.28$，$p < 0.001$）有显著的正向影响，假设6d通过了数据检验。情感依恋关系对品牌（$\beta = -0.23$，$p < 0.001$）有显著的负向影响，假设6e得到了数据的支持；情感依恋关系对价格（$\beta = -0.03$，ns）影响不显著，假设6f未能通过数据检验；工作顺从关系对品牌（$\beta = 0.13$，$p < 0.01$）有显著的正向影响，假设6g通过了数据检验；工作顺从关系对高价格（$\beta = -0.24$，$p < 0.001$）有显著的正向影响，由于价格的测项是测量低价偏好，如"我通常会选购平价的产品送给对方"，因此虽然回归系数为负，对高价格偏好却是正向影响，假设6h通过了数据检验。

假设6c和6f未通过数据检验，可能是因为：人际关系量表中的情感依恋关系、生活卷入关系和工作顺从关系维度分别与情感性关系、混合性关系以及工具性关系相类似（Chen et al.，2013），但本书认为类似只是包含较多的情感性成分或工具性成分，并不是完全一一对应，完全等同；并且即使是情感性关系，其中也夹杂着工具性的因素。

针对假设7人际关系对卷入度的影响，从表6－10呈现的回归系数可知，情感依恋关系对象征性（$\beta = 0.38$，$p < 0.001$）有显著的正向影响，假设7a得到了数据的支持；生活卷入关系对象征性（$\beta = 0.30$，$p < 0.001$）有显著的正向影响，假设7b得到了数据的支持；工作顺从关系对象征性（$\beta = -0.07$，ns）影响不显著，假设7c未能通过数据检验。情感依恋关系对重要性（$\beta = 0.40$，$p < 0.001$）有显著的正向影响，假设7d得到了数据的支持；生活卷入关系对重要性（$\beta = 0.08$，ns）影响不显著，假设7e得到了数据的支持；工作顺

从关系对重要性（$\beta = -0.03$，ns）影响不显著，假设7f未能通过数据检验。情感依恋关系对时间（$\beta = 0.09$，ns）影响不显著，假设7g未得到数据的支持；生活卷入关系对时间（$\beta = 0.36$，$p < 0.001$）有显著的正向影响，假设7h得到了数据的支持；工作顺从关系对时间（$\beta = 0.11$，$p < 0.05$）有显著的正向影响，假设7i通过了数据检验。假设7c、7e、7f和7g未通过数据检验说明人际关系的三个维度对卷入度的影响并不相同。

表6-10　主效应回归结果（n=340）

	产品属性				卷入度		
	质量	功能	品牌	价格	象征性	重要性	时间
控制变量							
性别	0.02	-0.32***	-0.17**	-0.05	-0.002	0.03	-0.03
家庭年收入	-0.25***	-0.28***	0.21***	0.12*	0.25***	0.38***	0.07
自变量							
情感依恋关系	-0.26***	-0.45***	-0.23***	-0.03	0.38***	0.40***	0.09
生活卷入关系	0.27***	0.17**	0.08	0.23***	0.30***	0.08	0.36***
工作顺从关系	0.06	0.28***	0.13**	-0.24***	-0.07	-0.03	0.11*
R^2	0.13	0.24	0.14	0.12	0.31	0.28	0.19
F值	9.3	20.15	10.50	8.37	28.43	19.03	15.60

注：***表示 $p < 0.001$，**表示 $p < 0.01$，*表示 $p < 0.05$。

第五节　讨论与结论

一　理论意义

首先，探讨了人际关系的三个维度在消费者购买礼品时对产品属性的影响。情感依恋关系维度对产品的质量、功能和品牌都有显著的负向影响；生活卷入关系维度对产品的功能和价格具有显著的正向影响；工作顺从关系维度对产品的功能、品牌和价格有显著的正向影响。

其次，揭示了人际关系的三个维度在消费者购买礼品时对卷入度的影响。情感依恋关系维度对卷入度的象征性和重要性因子具有显著的正向影响；生活卷入关系维度对象征性和时间因子具有显著的正向影响；工作顺从关系维度对时间因子具有显著的正向影响。

二　实践意义

在扩大内需对经济发展作用日益重要，以及礼品消费每年近 8000 亿元规模的消费背景下，探索人际关系在消费者礼品购买时对产品属性和卷入度的影响对扩大消费无疑具有指导作用。

人际关系影响消费者礼品购买时对产品属性偏好的研究结论可供企业产品和品牌定位时作为理论参考。以人际关系的情感依恋关系对产品属性的影响为例，情感依恋关系维度对产品的质量、功能和品牌都有显著的负向影响，企业可以根据情感依恋关系程度的高低作为产品和品牌定位的基础，针对定位于送情感依恋关系程度低的对象，企业可以突出产品的功能、质量或品牌的知名度；针对情感依恋关系程度高的对象，由于其与质量、功能和品牌的显著的反向影响，可以转而强调产品和品牌的体验性利益（Parsons et al.，2011），诸如外观奇特、好玩有趣等。

人际关系影响消费者礼品购买卷入度的研究结论可供企业制定营销沟通策略作为参考。仍以情感依恋关系为例，情感依恋关系程度高低对卷入度的象征性和重要性都具有显著的正向影响，对购买礼品给情感依恋关系程度高，比如亲属的消费者，礼品经营批发商和零售商（网上或实体店）在营销沟通方面可突出礼品的象征性和重要性意义，有效促成消费者购买。

三 结论

人际关系的三个维度在消费者礼品购买时对产品属性和卷入度的影响不尽相同。情感依恋关系对产品的质量、功能和品牌的影响都是负向的，也即对受礼人的情感依恋关系程度升高并不会使得消费者在购买礼品时特意寻求产品和品牌的高质量、高知名度和功能性利益；情感依恋关系对卷入度的象征性和重要性方面有显著的正向影响。生活卷入关系维度对产品的价格、功能和质量，以及象征性和时间因子都具有显著的正向影响。而工作顺从关系对产品的品牌、价格和功能，以及时间因子具有显著的正向影响。

第七章

总结和展望

第一节　研究的主要结论

本书研究的主要结论为以下六条：

（1）在现代人际关系多元化理性化背景下，笼统地研究人际关系的影响是无解的，必须区分不同的人际关系内容进行求解，文中根据量表结构划分为情感依恋、生活卷入和工作顺从关系。

人际关系既有工作场合的内容又有工作场合之外的成分，既包含情感性因素又掺杂着工具性因素，研究结果显示，笼统地讨论人际关系对人情消费行为的影响是不科学的。目前人际关系对人情消费行为影响的研究都是基于人际关系定性的分类，多是概念上的分析或是描述性统计分析，定性研究多，定量研究少。本书认为，后续人情消费定量研究应该以对人际关系的合理分类和有效测量为基础。

（2）情感依恋关系对人情消费意愿具有显著的正向影响，这个影响完全是通过感知获取价值发生作用的，故企业营销沟通中提升消费者对产品的心理估价能够提升其消费意愿。情感依恋关系对人情消费意愿具有显著的正向影响，也即情感依恋程度升高会导致针对这一依恋对象的人情消费意愿增加。可以使用心理账户理论进行解释：情感依恋程度升高导致消费者对产品的感知获取价值（主要是心理价值）评估升高，也就是使消费者对产品的心理估价升高，进而导致消费者针对这一依恋对象的人情消费意愿增加。

（3）人际关系中的工作顺从关系还礼时对礼金数量的影响不是正向的，而是显著的负向影响，工作中建立培养的良好关系反而能够抑制礼金数量的增加。这给了我们一个有益的启示：高工作顺从的关系反而能降低居民礼金消费的负担。可能的原因是，工作中形成的高工作顺从关系，使得下属还礼时礼金消费目的更加单纯，仅限于维持稳定的关系，"情感性"因素增加，"工具性"因素减少。

（4）情感依恋关系对礼金数量具有显著的正向影响，应当宣传和引导消费者树立人情消费"贵不昂贵，贵适合"的科学消费观念，尤其在给高情感依恋程度关系的对象送礼时，应该重"情"而非"亲"钱，提倡某些场合用自产或自制的礼品代替礼金，表达心意。

（5）情感依恋关系对产品的质量、功能和品牌都有显著的负向影响，企业可以选择情感依恋程度的高低作为产品和品牌定位的基础，针对情感依恋程度低的对象，企业可以突出产品的功能、质量或品牌的知名度，针对情感依恋程度高的对象，可以转而强调产品和品牌的体验性利益。

（6）人际关系中的情感依恋关系对人情消费行为的影响最为稳定，最不稳定的是生活卷入关系。研究结果发现，情感依恋关系对人情消费意愿、礼金和礼品消费决策都具有显著的影响。情感依恋关系是较为单纯的关系，因为单纯不易波动而稳定。生活卷入关系是一种混合性关系，同时掺杂着工作和非工作场合关系。它类似于人情面子模型中的"混合性"关系，"混合性"关系由于同时掺杂着较多的情感性因素和工具性因素，使得被委托人陷入"人情困境"，不知如何抉择，既不能使用等价交换的"公平原则"，又不能使用贡献付出的"情感原则”，故而生活卷入关系的影响容易左右摇摆，飘忽不定。

第二节 研究的创新之处

一 将现代人际关系测量量表引入到人情消费领域

传统人际关系的“差序格局”是人际关系定性分类的基础，“差序格局”多元化理性化后，这种简单定性的分类已经不能满足人情消费研究的需要，需要新的分类或测量方法。

营销和消费领域鲜有研究对人际关系进行测量，而组织管理领域有成熟的人际关系测量量表。我们根据研究目的选择了合适的人际关系测量量表，修改并进行了适用性检验，为人情消费的定量研究奠定了基础。

二 运用心理账户理论对人情消费行为做出新解释得到新规律

心理账户理论是解释消费行为的新的重要理论，已经广泛用于金融投资、人力资源管理和日常消费领域，但尚未用于解释人情消费行为。

研究发现，情感依恋关系对人情消费意愿的影响是完全通过感知获取价值发挥作用的，使用中介效应检验的方法验证了感知获取价值在以上关系中的完全中介作用。

三 从心理账户的视角对礼金数量决策进行了实证研究

现有礼金消费的研究，主要从经济学的角度运用博弈论等方法进行分析，得出了送礼人礼金消费的占优策略，缺乏实证支持（宁一非，2008；胡芳肖、屈克林、黄萃，2009；卢嘉瑞，2008），也没有考虑人情消费影响因素——当地礼金风俗、人际关系等的影响。

本书从“心理账户”参照点效应和礼金风俗的视角审视人

情消费，总结礼金消费的四种典型情境，并研究了四种典型送礼情境下，人际关系对礼金消费数量决策的影响以及影响的稳定程度。

四　实证研究了人际关系对礼品消费决策的影响

人际关系对礼品消费决策影响的研究都是基于对人际关系定性的分类，我们在引入现代人际关系测量量表的基础上，在相关理论指导下，根据研究目的对消费者决策类型和卷入度测量量表进行删改并进行了适用性检验，用于产品属性和卷入度的测量，完成了人际关系在消费者购买礼品时对产品属性偏好和卷入度影响的实证研究。

第三节　研究的局限性和未来研究方向

受到人力和物力等方面的限制，本研究也不可避免地存在着许多局限：

一是现代人际关系的测量方面，组织管理研究领域使用的人际关系量表测量的是公司内部上下级的关系，虽然工作和职业联系是现代人际关系中很重要的一种关系，我们在研究中测量被试与某位上司的关系，及其针对该上司人情消费意愿还是有其局限性，但不能测量被试与同级亲友的关系及其人情消费意愿。

我们翻译和修改了组织管理研究领域使用的人际关系测量量表，研究中虽然做了预测试，修正了语言，做了信度、效度的检验。但其在营销和消费领域的适应性还有待进一步的验证和完善。

二是引入了心理账户理论解释礼金消费决策，但只限于心理账户的参照依赖效应，并未考虑敏感性递减和损失规避等其他效应，后续研究可以考虑心理账户其他效应对礼金消费决策的影响。

三是第四章对人情消费意愿的研究中并未指明是何种产品，针对品牌手机、购物卡等价格透明的产品，研究结论可能会发生变化。后续研究可尝试指定具体的产品和品类来进行研究。

此外，本书探讨了人际关系对礼品消费决策的影响，但人际关系影响礼品消费决策背后的原因有待进一步的深入研究。

附　　录

附录 A　人际关系与人情消费意愿问卷

第四章研究中所用问卷

问卷中的上司是指同一个人。先询问您和某位上司的关系，然后询问您针对该上司的消费偏好。

本部分是想了解您怎样看待您和这位上司的关系。请在下列叙述的右边打√，选出您的同意程度	非常不同意	不同意	有点不同意	有点同意	同意	非常同意
情感依恋						
我的上司会和我分享工作生活中的思想、观点和感受	1	2	3	4	5	6
和上司沟通时我感到轻松和自然	1	2	3	4	5	6
如果我的上司决定去另外一家公司工作，我会感到难过	1	2	3	4	5	6
如果我的上司个人生活中有困难，我会尽力去帮他/她	1	2	3	4	5	6
生活卷入						
我愿意帮忙处理我上司的私事	1	2	3	4	5	6
下班之后我的上司和我会打电话或互相拜访	1	2	3	4	5	6
非工作时间，我的上司和我会有不涉及工作的社交活动，如一起吃饭或者其他娱乐	1	2	3	4	5	6
我了解上司的家庭组成情况	1	2	3	4	5	6

续表

本部分是想了解您怎样看待您和这位上司的关系。请在下列叙述的右边打√，选出您的同意程度	非常不同意	不同意	有点不同意	有点同意	同意	非常同意
工作顺从						
工作中我会无条件地服从上司的命令	1	2	3	4	5	6
工作中当我和上司意见不一致时，我仍然会服从他/她的决定	1	2	3	4	5	6
工作中我和上司目标有冲突时，我会放弃个人的目标达成上司的目标	1	2	3	4	5	6
工作中我不会私下做出不利于上司的事	1	2	3	4	5	6

假设您发现一款产品符合您送给这位上司作为礼物的要求（包括是您想送的东西、品牌、价格和外观等）。请打√，选出您的同意程度：

1. 鉴于您和这位上司的关系，购买这款产品很值：

A. 非常不同意　B. 不同意　C. 有点不同意

D. 有点同意　E. 同意　F. 非常同意

2. 您会考虑购买这款产品：

A. 非常不同意　B. 不同意　C. 有点不同意

D. 有点同意　E. 同意　F. 非常同意

您的个人信息：

1. 您的性别：　（1）男　（2）女

2. 您的家庭年收入约为：

（1）5 万元以下　（2）5 万—10 万元

（3）10 万—15 万元　（4）15 万—20 万元

（5）20 万—30 万元　（6）30 万—40 万元

（7）40 万元以上

附录 B　人际关系与礼金消费问卷

第五章研究中所用问卷

问卷中的上司是指同一个人。先询问您和某位上司的关系，然后询问您针对该上司的消费偏好。

本部分是想了解您怎样看待您和这位上司的关系。请在下列叙述的右边打√，选出您的同意程度	非常不同意	不同意	有点不同意	有点同意	同意	非常同意
情感依恋						
我的上司会和我分享工作生活中的思想、观点和感受	1	2	3	4	5	6
和上司沟通时我感到轻松和自然	1	2	3	4	5	6
如果我的上司决定去另外一家公司工作，我会感到难过	1	2	3	4	5	6
如果我的上司个人生活中有困难，我会尽力去帮他/她	1	2	3	4	5	6
生活卷入						
我愿意帮忙处理我上司的私事	1	2	3	4	5	6
下班之后我的上司和我会打电话或互相拜访	1	2	3	4	5	6
非工作时间，我的上司和我会有不涉及工作的社交活动，如一起吃饭或者其他娱乐	1	2	3	4	5	6
我了解上司的家庭组成情况	1	2	3	4	5	6
工作顺从						
工作中我会无条件地服从上司的命令	1	2	3	4	5	6
工作中当我和上司意见不一致时，我仍然会服从他/她的决定	1	2	3	4	5	6
工作中我和上司目标有冲突时，我会放弃个人的目标达成上司的目标	1	2	3	4	5	6
工作中我不会私下做出不利于上司的事	1	2	3	4	5	6

礼金消费：

情境 A1：假如您的这位上司比您先结婚，请问您在当地礼金风俗为一般送 1000 元的情况下随礼的数目是____________元（请填写）。

情境 A2：假如您的这位上司比您先结婚，请问您在当地礼金风俗为一般送 200 元的情况下随礼的数目是____________元（请填写）。

情境 B1：假如您的这位上司在您结婚后不久举办婚礼，请问您在他当初送了您 1000 元礼金的情况下随礼的数目是____________元（请填写）。

情境 B2：假如您的这位上司在您结婚后不久举办婚礼，请问您在他当初送了您 200 元礼金的情况下随礼的数目是____________元（请填写）。

您的个人信息：

1. 您的性别：（1）男　　（2）女

2. 您的家庭年收入约为：

（1）5 万元以下　　（2）5 万—10 万元

（3）10 万—15 万元　　（4）15 万—20 万元

（5）20 万—30 万元　　（6）30 万—40 万元

（7）40 万元以上

附录C　人际关系与礼品消费问卷

第六章研究中所用问卷

问卷中的上司是指同一个人。先询问您和某位上司的关系，然后询问您针对该上司的消费偏好。

本部分是想了解您怎样看待您和这位上司的关系。请在下列叙述的右边打√，选出您的同意程度	非常不同意	不同意	有点不同意	有点同意	同意	非常同意
情感依恋						
我的上司会和我分享工作生活中的思想、观点和感受	1	2	3	4	5	6
和上司沟通时我感到轻松和自然	1	2	3	4	5	6
如果我的上司决定去另外一家公司工作，我会感到难过	1	2	3	4	5	6
如果我的上司个人生活中有困难，我会尽力去帮他/她	1	2	3	4	5	6
生活卷入						
我愿意帮忙处理我上司的私事	1	2	3	4	5	6
下班之后我的上司和我会打电话或互相拜访	1	2	3	4	5	6
非工作时间，我的上司和我会有不涉及工作的社交活动，如一起吃饭或者其他娱乐	1	2	3	4	5	6
我了解上司的家庭组成情况	1	2	3	4	5	6
工作顺从						
工作中我会无条件地服从上司的命令	1	2	3	4	5	6
工作中当我和上司意见不一致时，我仍然会服从他/她的决定	1	2	3	4	5	6
工作中我和上司目标有冲突时，我会放弃个人的目标达成上司的目标	1	2	3	4	5	6
工作中我不会私下做出不利于上司的事	1	2	3	4	5	6

礼品消费：

当您购买一款产品作为礼物送给这位上司，您会（　）？请在下列叙述的右边打√，选出您的同意程度	非常不同意	不同意	有点不同意	有点同意	同意	非常同意
A：产品属性偏好						
质量						
我会耐心地、仔细地选购最佳的产品	1	2	3	4	5	6
我对买给对方的产品的标准及期望是非常高的	1	2	3	4	5	6
我会特别花心思选购质量最好的产品	1	2	3	4	5	6
我会设法购买质量最佳的或者最完美的产品	1	2	3	4	5	6
功能						
我会耐心地、仔细地选购最实用的产品	1	2	3	4	5	6
我会耐心地、仔细地选购最适用的产品	1	2	3	4	5	6
我会耐心地、仔细地选购最贴心的产品	1	2	3	4	5	6
品牌						
买给对方的产品越贵代表品质越高	1	2	3	4	5	6
昂贵的品牌是送给对方的最佳选择	1	2	3	4	5	6
我会选择最昂贵的品牌送给对方	1	2	3	4	5	6
我会购买知名品牌送给对方	1	2	3	4	5	6
知名品牌是送给对方的最好礼品	1	2	3	4	5	6
经常做广告的品牌通常是送给对方最好的选择	1	2	3	4	5	6
价格						
我通常会选购平价的产品送给对方	1	2	3	4	5	6
我在购买产品送给对方时会首先考虑价格	1	2	3	4	5	6
我会小心留意自己在给对方购买产品时所花的费用	1	2	3	4	5	6
B：卷入度偏好						
象征性						
礼品会传达我的部分信息	1	2	3	4	5	6
礼品帮助我表达了个性	1	2	3	4	5	6
礼品不会反映我的个性	1	2	3	4	5	6
礼品是对自身形象的一种表达	1	2	3	4	5	6

续表

当您购买一款产品作为礼物送给这位上司，您会？请在下列叙述的右边打√，选出您的同意程度	非常不同意	不同意	有点不同意	有点同意	同意	非常同意
重要性						
我对送什么礼品给对方不在意	1	2	3	4	5	6
我对送什么礼品给对方无所谓	1	2	3	4	5	6
送什么礼品给对方对我而言无关紧要	1	2	3	4	5	6
时间						
去不同的商店为对方选购礼品浪费我的时间	1	2	3	4	5	6
我喜欢为对方购买礼品，因为它给我带来乐趣	1	2	3	4	5	6
我会花比较多的时间为对方购买礼品	1	2	3	4	5	6

您的个人信息：

1. 您的性别：　（1）男　　（2）女

2. 您的家庭年收入约为：

（1）5 万元以下　　（2）5 万—10 万元

（3）10 万—15 万元　　（4）15 万—20 万元

（5）20 万—30 万元　　（6）30 万—40 万元

（7）40 万元以上

参考文献

［1］彼得·布劳：《社会生活中的交换与权力》，李国武译，商务印书馆 2008 年版。

［2］布莱洛克、沈崇麟、李春华、赵平：《万卷方法精品课堂系列：社会统计学》（修正第 2 版），重庆大学出版社 2010 年版。

［3］［美］步尼斯·赫文、［美］托德·多纳：《万卷方法·社会科学研究：从思维开始》（第 10 版），李涤非、潘磊译，重庆大学出版社 2013 年版。

［4］蔡恩泽：《不堪重负的人情消费》，《党政干部学刊》2004 年第 2 期。

［5］陈柏峰：《也论面子——村庄生活的视角》，《华中科技大学学报》（社会科学版）2007 年第 1 期。

［6］陈浩天：《城乡人口流动背景下农村地区人情消费的行为逻辑——基于河南省 10 村 334 个农户的实证分析》，《财经问题研究》2011 年第 7 期。

［7］陈成文、陈立周：《社会学研究方法论的转向：从实证传统到另类范式》，《社科纵横》2007 年第 12 期。

［8］陈云、顾海英、史清华：《礼金成重负：农村人情礼往行为的经济学分析》，《消费经济》2005 年第 21 卷第 6 期。

［9］戴庆锋：《浅析新功能主义与传统功能主义的关系》，《湖北第二师范学院学报》2008 年第 3 期。

［10］方旭东：《费孝通第一次学术思想的转变：从功能主义到结构功能主义》，《江南大学学报》（人文社会科学版）2009 年第 6 期。

［11］费孝通：《乡土中国生育制度》，北京大学出版社 1998 年版。

［12］［美］福勒：《调查问卷的设计与评估》，蒋逸民译，重庆大学出版社 2010 年版。

［13］高华：《浅析亚历山大的新功能主义》，《社会》2003 年第 11 期。

［14］葛振兴：《黑龙江省农村人情消费与农民负担的关系分析》，《统计与咨询》2010 年第 2 期。

［15］谷家荣：《差序格局：从身份到理性——以广西大瑶山下古陈村坳瑶人的婚姻为例》，《山东科技大学学报》（社会科学版）2007 年第 9 卷第 2 期。

［16］郝辽钢、高充彦、贾建民：《价格折扣呈现方式对促销效果影响的实证研究》，《管理世界》2008 年第 10 期。

［17］何静、李艳：《论当前中国农村的人情消费》，《中国科技信息》2005 年第 16 期。

［18］何蓉：《马克斯·韦伯的方法论：基于渊源的再研究》，《社会理论》2007 年第 1 期。

［19］贺雪峰：《新乡土中国》，广西师范大学出版社 2003 年版。

［20］侯晓宁：《农村人情消费现状及其功能研究——以皖南胡村为例》，《农村经济与科技》2011 年第 6 期。

［21］胡芳肖、屈克林、黄萃：《新农村建设中提高农民消费水平的难点与建议——以陕西省为例》，《消费经济》2009 年第 5 期。

［22］胡杰成：《理性或非理性——试析目前农民人情消费之风》，《调研世界》2004 年第 12 期。

［23］黄光国、胡先缙：《人情与面子——中国人的权力游戏》，《中国科技信息》2005 年第 7 期。

［24］黄玉琴：《礼物、生命仪礼和人情圈——以徐家村为例》，《社会学研究》2002 年第 4 期。

［25］汲怀远：《从社会学视角探讨农村人情消费异化的“场域与惯习”》，《文学界》（理论版）2010 年第 12 期。

［26］汲怀远、高燕：《农村人情消费异化研究》，《长春理工大学学报》（社会科学版）2011 年第 24 卷第 7 期。

［27］贾春增：《外国社会学史》（第二版），中国人民大学出版社 2000 年版。

［28］贾俊平：《统计学：基于 SPSS（21 世纪统计学系列教材）》，中国人民大学出版社 2014 年版。

［29］蒋廉雄、卢泰宏、邹璐：《消费者礼品购买决策：关系取向抑或动机驱动》，《中山大学学报》（社会科学版）2007 年第 5 期。

［30］金晓彤、陈艺妮：《我国农村村民人情消费的动机分析》，《消费经济》2008 年第 5 期。

［31］金晓彤、陈艺妮、王新丽：《我国农村村民人情消费行为的特征与基缘》，《吉林大学社会科学学报》2010 年第 3 期。

［32］［美］克雷斯威尔：《研究设计与写作指导：定性定量与混合研究的路径》，崔延强译，重庆大学出版社 2007 年版。

［33］孔德华：《大学生购物决策风格和购买决策过程差异的实证研究——以手机消费为例》，博士学位论文，西北大学，2008 年。

［34］李爱梅、凌文辁、方俐洛、肖胜：《中国人心理账户的内隐结构》，《心理学报》2007 年第 39 卷。

［35］李爱梅、凌文辁：《心理账户：理论与启示》，《心

理科学进展》2007 年第 15 期。

[36] 李理:《消费者行为决策中的“双通道”心理账户》,博士学位论文,暨南大学,2008 年。

[37] 李沛良:《论中国式社会学研究的关联概念与命题》,北京大学出版社 1993 年版。

[38] 李文星、徐长生、艾春荣:《中国人口年龄结构和居民消费:1989—2004》,《经济研究》2008 年第 7 期。

[39] 李祥忠:《中部山区农村人情消费研究》,博士学位论文,华中农业大学,2008 年。

[40] 李玉珍、李恩、潘鸿:《农村人情消费“有限理性”分析——以吉林省长岭县永久镇东新村为例》,《现代经济(现代物业下半月刊)》2008 年第 6 期。

[41] 刘大鹏:《基于心理账户理论看营销策略的优化》,《商场现代化》2011 年第 1 期。

[42] 刘刚:《当前农民收入、消费问题的分析与建议》,《宏观经济管理》2006 年第 6 期。

[43] 刘军、郑建雄:《农村人情消费的经济学分析》,《农业经济问题》2004 年第 8 期。

[44] 刘军:《关系:一种新的分析单位》,《社会》2005 年第 5 期。

[45] 刘军:《农村人情消费的经济学思考》,《消费经济》2004 年第 4 期。

[46] 刘润忠:《试析结构功能主义及其社会理论》,《天津社会科学》2005 年第 5 期。

[47] 柳丽:《农村人情消费功能分析研究》,《法制与社会》2010 年第 10 期。

[48] 林嵩:《结构方程模型原理及 AMOS 应用》,华中师范大学出版社 2008 年版。

[49] 柳岳:《莫让人情消费成负担》,《光明日报》2010

年 2 月 24 日。

[50] 卢嘉瑞：《应着力提高农民消费率》，《当代经济研究》2008 年第 4 期。

[51] 陆学艺：《内发的村庄》，社会科学文献出版社 2001 年版。

[52] 罗家德：《社会网分析讲义》，社会科学文献出版社 2005 年版。

[53] 马春波、李少文：《农村人情消费状况研究——鄂北大山村调查》，《青年研究》2004 年第 12 期。

[54] 马戎：《差序格局：中国传统社会结构和中国人行为的解读》，《北京大学学报》（哲学社会科学版）2007 年第 2 期。

[55] 默顿：《论理论社会学》，华夏出版社 1990 年版。

[56] 莫斯：《论馈赠——传统社会的交换形式及其功能》，卢汇译，中央民族大学出版社 2002 年版。

[57] 宁一非：《农民消费现状及对新农村建设的启示——以四川省农村地区为例》，《农业经济问题》2008 年第 9 期。

[58] 牛娜：《农村家庭人情消费行为的影响因素分析》，《江西农业大学学报》（社会科学版）2010 年第 1 期。

[59] 牛娜：《中国农村家庭人情消费研究》，硕士学位论文，信阳师范学院，2010 年。

[60] 卜长莉：《“差序格局”的理论诠释及现代内涵》，《社会学研究》2003 年第 1 期。

[61] 秦广强：《农村人情的嬗变》，《江苏经贸职业技术学院学报》2006 年第 1 期。

[62] 邱皓政：《结构方程模型的原理与应用》，中国轻工业出版社 2009 年版。

[63] 丘奇兰德、田平：《功能主义 40 年：一次批判性的回顾 》，《世界哲学》2006 年第 5 期。

[64] 曲贵卿、张海涛:《帕森斯与默顿的结构功能主义比较分析》,《通化师范学院学报》2008 年第 9 期。

[65] 沈静、姚本先:《人情的心理学探析》,《社会心理科学》2006 年第 3 期。

[66] 任敏:《现代社会的人际关系类型及其互动逻辑——试谈差序格局模型的扩展》,《华中科技大学学报》2009 年第 23 卷第 2 期。

[67] 施卓敏、范丽洁、叶锦锋:《中国人的脸面观及其对消费者解读奢侈品广告的影响研究》,《南开管理评论》2012 年第 15 期。

[68] 司汉武、张磊、王征兵:《制度理性与和谐社会的重构》,《西北农林科技大学学报》(社会科学版)2008 年第 5 期。

[69] 斯科隆多:《广义潜变量模型:多层次、纵贯性以及结构方程模型》,重庆大学出版社 2011 年版。

[70] 宋丽娜:《熟人社会的性质》,《中国农业大学学报》(社会科学版) 2009 年第 26 期。

[71] 孙大强:《基于中国文化情境的心理账户探索性研究》,博士学位论文,北京师范大学,2008 年。

[72] 田维绪:《消费:一个分析当代中国社会的重要视角》,《贵州民族学院学报》2008 年第 5 期。

[73] 田维绪、高廷江:《乡村人情消费:价值、嬗变及其应对》,《毕节学院学报》2010 年第 5 期。

[74] 田学斌、闫真:《农村人情消费中的非正式制度:一个交易费用理论框架》,《消费经济》2011 年第 3 期。

[75] 王卫东:《结构方程模型原理与应用》(社会学文库),中国人民大学出版社 2010 年版。

[76] 王雪:《差序格局的理论综述》,《理论界》2006 年第 7 期。

[77] 吴冰洁:《从差序格局到扩展的差序格局》,《信阳

师范学院学报》2011 年第 31 卷第 2 期。

[78] 吴明隆：《问卷统计分析实务：SPSS 操作与应用》，重庆大学出版社 2010 年版。

[79] 吴明隆：《结构方程模型：AMOS 的操作与应用》（第 2 版），重庆大学出版社 2010 年版。

[80] 吴明隆：《结构方程模型：AMOS 实务进阶》，重庆大学出版社 2013 年版。

[81] 奚恺元：《别做正常的傻瓜 》，机械工业出版社 2004 年版。

[82] 徐婷：《中国礼品行业品牌战略研究》，《商场现代化》2013 年第 4 期。

[83] 谢洪明、罗惠玲、王成、李新春：《学习、创新与核心能力：机制和路径》，《经济研究》2007 年第 2 期。

[84] 阎云翔：《礼物的流动》，上海人民出版社 2000 年版。

[85] 闫真：《农村人情消费中的非正式制度：一个交易费用理论框架》，博士学位论文，河北经贸大学，2011 年。

[86] 杨光霞、谢华等：《SPSS 数据统计与分析 · 从新手到高手》（附光盘），清华大学出版社 2014 年版。

[87] 杨善华、侯红蕊：《血缘、姻缘、亲情与利益——现阶段中国农村社会中差序格局的理性化趋势》，《宁夏社会科学》1999 年第 6 期。

[88] 杨洋：《理性视角下的农民人情消费研究》，《中国集体经济》2009 年第 10 期。

[89] 杨屹、钱进宝：《竞买者心理账户对网上拍卖结果的影响分析》，《经济管理》2007 年第 6 期。

[90] 杨宜音：《“自己人”：信任建构过程的个案研究》，《社会学研究》1999 年第 2 期。

[91] 叶启政：《社会理论的本土化建构》，北京大学出版

社 2006 年版。

［92］易丹辉：《结构方程模型：方法与应用》（高等院校研究生用书），中国人民大学出版社 2008 年版。

［93］游荻凡：《心理账户：价值函数及其应用规则》，《社科纵横》2011 年第 26 卷。

［94］于光君：《费孝通的“差序格局”理论及其发展》，《社会科学论坛》2006 年第 12 期。

［95］俞杰龙、陈启杰：《论人情消费的理论基础——不足之处和改进办法》，《现代管理科学》2015 年第 2 期。

［96］袁金辉：《推动农村人情消费的理性回归来源》，《理论探索》2011 年第 2 期。

［97］翟富根：《农村人情消费为何变味走调》，《农村、农业、农民》2006 年第 1 期。

［98］翟学伟：《人情、面子与权力的再生产》，《社会学研究》2004 年第 5 期。

［99］章辉美、何芳芳：《论社会结构变迁中差序格局的解构》，《湖南师范大学学报》（社会科学版）2007 年第 4 期。

［100］张耿、胡少龙：《心理账户理论研究综述》，《山东纺织经济》2010 年第 156 期。

［101］张军伟、徐富明、刘腾飞、蒋多、文桂婵：《心理预算的产生过程与影响因素》，《心理研究》2011 年第 6 期。

［102］张继焦：《差序格局：从乡村版到城市版——以迁移者的城市就业为例》，《民族研究》2004 年第 6 期。

［103］张文宏：《中国的社会资本研究：概念、操作化测量和经验研究》，《江苏社会科学》2007 年第 3 期。

［104］张文彤：《SPSS 统计分析高级教程》，高等教育出版社 2004 年版。

［105］张文彤、邝春伟：《高等学校教材：SPSS 统计分析基础教程》（第 2 版），高等教育出版社 2011 年版。

［106］张文彤、钟云飞：《IBM SPSS 数据分析与挖掘实战案例精粹》（附光盘），清华大学出版社 2013 年版。

［107］张喆、张知为：《赠礼情境下自我构念对品牌显著度偏好的影响》，《复旦学报》（自然科学版）2013 年第 2 期。

［108］赵靖伟、司汉武：《关于制度的社会学研究综述》，《西北农林科技大学学报》（社会科学版）2008 年第 2 期。

［109］郑玉香、薛珈：《国内外礼品消费行为比较理论研究》，《经营与管理》2011 年第 12 期。

［110］周海英：《人情负担何其重》，《中国统计》2008 年第 11 期。

［111］周瑾：《基于心理账户理论的网络再购买意向影响因素研究》，博士学位论文，首都师范大学，2009 年。

［112］周静、徐富明、刘腾飞、张军伟、蓝蓉：《心理账户基本特征及形成机制分析》，《心理研究》2010 年第 3 期。

［113］周伟文等：《生存在边缘——流动家庭》，河北人民出版社 2002 年版。

［114］朱建堂：《农村邻里吃请行为的经济学和社会学分析》，《湖北经济学院学报》2005 年第 5 期。

［115］朱晓莹：《“人情”的泛化及其负功能——对苏北一农户人情消费的个案分析》，《社会》2003 年第 9 期。

［116］Anderson，J. C. & Gerbing，D. W.，1988，“Structural Equation Modeling in Practice：A Review and Recommended Two-step Approach”，*Psychological Bulletin*，Vol. 103.

［117］Anderson，M. L. & Taylor，H. F.，2009，“Sociology：The Essentials. Belmont”，CA：Thomson Wadsworth.

［118］Andrus D.，Silver E. & Johnson D.，1986，“Status Brand Management and Gift Purchase：A Discriminant Analysis”，*Journal of Consumer Marketing*，Vol. 3，pp. 5 – 13.

［119］Annamma Joy，2001，“Gift Giving in Hong Kong and

the Continuum of Social Ties", *Journal of Consumer Research*, Vol. 28.

[120] Arefi, M., 2003, "Revisiting the Los Angeles Neighborhood Initiative (LANI): Lessons for Planners", *Journal of Planning Education and Research*, Vol. 22, No. 4, p. 384.

[121] Baron, R. M. & Kenny, D. A., 1986, "The Moderator-Mediator Variable Distinction in Social Psychological Research: Conceptual, Strategic, and Statistical Considerations", *Journal of Personality and Social Psychology*, Vol. 51, pp. 1173 - 1182.

[122] Bauer, H. H., Sauer, N. E. & Becker, C., 2006, "Investigating the Relationship Between Product Involvement and Consumer Decision-making Styles", *Journal of Consumer Behavior*, Vol. 5.

[123] Bian, Y., 1997, "Bringing Strong Ties Back in: Indirect Ties, Network Bridges, and Job Searches in China", *American Sociological Review*, Vol. 62, No. 3, pp. 366 - 385.

[124] Bian, Y. & Ang, S., 1997, "Guanxi Networks and Job Mobility in China and Singapore", *Social Forces*, Vol. 75, No. 3, pp. 981 - 1005.

[125] Becker, G. S., 1965, "A Theory of the Allocation of Time", *Economic Journal*, Vol. 75, No. 299, pp. 493 - 517.

[126] Belk, R. W, 1979, "Gift Giving Behavior", *Research in Marketing*, Vol. 2, pp. 95 - 126.

[127] Belk, R. W., 1981, "Effects of Gift Giving Involvement on Gift Selection Strategies", *Advances in Consumer Research*, Vol. 9, pp. 408 - 412.

[128] Belk, R. W. & Gregory S. C., 1993, "Gift-Giving as Agapic Love: An Alternative to the Exchange. Paradigm Based on Dating Experiences", *Journal of Consumer Behavior*, Vol. 120,

pp. 393 –417.

[129] Block, N., 1996, What is Functionalism? A Revised Version of the Entry on Functionalism in The Encyclopedia of Philosophy Supplement, Macmillan.

[130] Bowles, S. & Gintis S., 2002, "Social Capital and Community Governance", The Economic Journal, Vol. 112, pp. 419 –436.

[131] Bradley R. B., 2011, "The Measurement of Guanxi: Introducing the GRX Scale", *Industrial Marketing Management*, Vol. 40.

[132] Braithwaite, E., 2001, Engaging Theories in Interpersonal Communication: Multiple Perspectives, Thousand Oaks, Calif: SAGE Publications, pp. 377 –389.

[133] Burgoyne, 1991, "Constraints on the Use of Money as A Gift at Christmas: The Role of Status and Intimacy", *Journal of Economic Psychology*, Vol. 12, No. 1, pp. 47 –69.

[134] Chan H., Wan, L. C. & Sin, L. Y., 2009, "The Contrasting Effects of Culture on Consumer Tolerance: Interpersonal Face and Impersonal Fate", *Journal of Consumer Research*, Vol. 36, pp. 292 –304.

[135] Chen, C. C., Chen, X. P. & Huang, S., 2013, "Chinese Guanxi: An Integrative Review and New Directions for Future Research", *Management and Organization Review*, Vol. 9, pp. 167 –207.

[136] Chen, X. P. &Chen, C. C., 2004, "On the Intricacies of the Chinese Guanxi: A Process Model of Guanxi Development", Asia Pacific Journal of Management, Vol. 21, No. 3, pp. 305 –324.

[137] Chen, X. P. &Peng, S., 2008, "Guanxi Dynamics:

Shifts in the Closeness of Ties Between Chinese Coworkers", *Management and Organization Review*, Vol. 4, No. 1, pp. 63 – 80.

[138] Chen, Y., Friedman, R., Yu, E., Fang, W., & Lu, X., 2009, "Supervisor-subordinate Guanxi: Developing a Three-dimensional Model and Scale.", *Management and Organization Review*, Vol. 5, No. 3, pp. 375 – 399.

[139] Chip, Heath. & Sue, O., 1994, "Mental Accounting and Consumer Spending", *Advances in Consumer Research*, Vol. 21, p. 119.

[140] Chua, V. & Wellman, B., 2015, "Social Networks in East and Southeast Asia I: National Characteristics, Institutions, Network Capital, and Guanxi", *American Behavioral Scientist*, Vol. 59, No. 8, pp. 903 – 913.

[141] Davies, S., Easaw J. & Ghoshray, A., 2009, "Mental Accounting and Remittances: A Study of Rural Malawian Households", *Journal of Economic Psychology*, Vol. 30, pp. 321 – 334.

[142] Deaton, A., 1992, "Understanding Consumption", Oxford University Press.

[143] D'Orlando, F. & Sanfilippo, E., 2010, "Behavioral Foundations for the Keynesian Consumption Function", *Journal of Economic Psychology*, Vol. 31, No. 6, pp. 1035 – 1046.

[144] Edward, J. Lawler & Shane R. T., 1999, "Bringing Emotions into Social Exchange Theory", *Annual Review of Sociology*, Vol. 25, pp. 217 – 244.

[145] Emerson, Richard M., 1976, "Social Exchange Theory", *Annual Review of Sociology*, Vol. 2, pp. 335 – 362.

[146] Ekeh, Peter P., 1974, Social Exchange Theory: The Two Traditions. Cambridge, Mass, Harvard University Press.

[147] Fan, J. X. & Xiao, J. J., 1998, "Consumer Deci-

sion-Making Styles of Young-Adult Chinese", *The Journal of Consumer Affairs*, Vol. 32, No. 2, pp. 275 –294.

[148] Farr, J., 2004, "Social Capital: A Conceptual History", *Political Theory*, Vol. 32, No. 1, pp. 6 –33.

[149] Ferragina, E., 2010, "Social Capital and Equality: Tocqueville's Legacy", *The Toqueville Review*, Vol. 16, pp. 73 –98.

[150] Ferragina, E., 2012, Social Capital in Europe: A Comparative Regional Analysis. Cheltenham: Edward Edgar.

[151] Friedman, Jonathan, 1994, "Consumption and Identity (Studies in Anthropology & History)", Washington, DC: Taylor & Francis.

[152] Flora F. G., Kineta Hung & David K. T., 2008, "When Does Guanxi Matter? Issues of Capitalization and Its Dark Sides", *Journal of Marketing*, Vol. 72, pp. 12 –28.

[153] Fukuyama, Francis, 1995, Trust: The Social Virtues and the Creation of Prosperity, New York: The Free Press.

[154] Fu, P. P., Tsui, A. S. & Dess, G. G., 2006, "The Dynamics of Guanxi in Chinese High-tech Firms: Implications for Knowledge Management and Decision Making", *Management International Review*, Vol. 46, No. 3, pp. 277 –305.

[155] Giesler M., 2006, "Consumer Gift Systems", *Journal of Consumer Research*, Vol. 33, pp. 283 –290.

[156] Gigerenzer, G. & Selten, R., 2002, "Bounded Rationality: The Adaptive Toolbox", MIT Press.

[157] Goodwin C., Kelly L. Smith, S. S., 1990, "Gift Giving: Consumer Motivation and the Gift Purchase Process", *Advances in Consumer Research*, Vol. 17, pp. 690 –698.

[158] Grossbard, S. S., 2003, "A Consumer Theory with Competitive Markets for Work in Marriage", *Journal of Socio-Eco-*

nomics, Vol. 31, No. 6, pp. 609 – 645.

[159] Haksin, C., Lisa, C. W. & Leo YMS., 2009, "The Contrasting Effects of Culture on Consumer Tolerance: Interpersonal Face and Impersonal Fate", *Journal of Consumer Research*, Vol. 36, pp. 292 – 304.

[160] Halpern, D., 2005, "Social Capital Cambridge", Polity Press, pp. 1 – 2.

[161] Henderson, P. W., Peterson, & Robert A., 1992, "Mental accounting and categorization", *Organizational Behavior & Human Decision Processes*, Vol. 51, pp. 92 – 117.

[162] Heath, C. & Soll, J. B., 1996, "Mental Budgeting and Consumer Decisions", *Journal of Consumer Research*, Vol. 23, pp. 40 – 52.

[163] Hiu, A. Y., Siu, N. M., Wang, C. L. & Chang, M. K., 2001, "An Investigation of Decision-Making Styles of Consumers in China", *The Journal of Consumer Affairs*, Vol. 35, No. 2, pp. 326 – 345.

[164] Hwang K. K., 2000, "Chinese Relationalism: Theoretical Construction and Methodological Consideration", *Journal for the Theory of Social Behavior*, Vol. 30, No. 2, pp. 155 – 178.

[165] Isherwood, B. C. & Douglas, M., 1996, "The World of Goods: Towards an Anthropology of Consumption", New York: Routledge.

[166] James F. & David L., 1996, "Explaining Inter-Ethnic Cooperation", *American Political Science Review*, pp. 715 – 739.

[167] Jianfeng Wang, Francis Piron, & Mai Van Xuan, 2001, "Faring One Thousand Miles to Give Goose Feathers: Gift Giving in the People's Republic of China", *Advances in Consumer Research*, Vol. 28, pp. 58 – 63.

[168] Joy, A., 2001, "Gift Giving in Hong Kong and the Continuum of Social Ties", *Journal of Consumer Research*, Vol. 28, pp. 239 -256.

[169] Kahneman, D. & Tversky, A., 1984, "Choices, Values, and Frames", *American Psychologist*, Vol. 39, pp. 341 -350.

[170] Kahneman, Daniel, 2003, "Maps of Bounded Rationality: Psychology for Behavioral Economics", *The American Economic Review*, Vol. 93, No. 5, pp. 1449 -1475.

[171] Keller K. L., 1993, "Conceptualizing, Measuring, and Managing Customer-Based Brand Equity", *Journal of Marketing*, Vol. 57, No. 1, pp. 1 -22.

[172] Kivetz, R., 1999, "Advances in Research on Mental Accounting and Reason-based Choice", *Marketing Letters*, Vol. 10, pp. 249 -266.

[173] Komter, A. E. & Vollebergh, W., 1997, "Gift Giving and the Emotional Significance of Family and Friends", *Journal of Marriage and the Family*, Vol. 59, No. 8, pp. 747 -757.

[174] Laroche, M., Saad, G., Browne, E., Cleveland M. & Kim, C, 2000, "Determinants of in-store Information Search Strategies Pertaining to a Christmas Gift Purchase", *Canadian Journal of Administrative Sciences*, Vol. 17, No. 1, pp. 1 -19.

[175] Law, K. S., Wong, C., Wang, D., & Wang, L., 2004, "Effect of Supervisor-subordinate Guanxi on Supervisory Decisions in China: An empirical investigation", *International Journal of Human Resource Management*, Vol. 11, No. 4, pp. 751 -765.

[176] Lawler, Edward J., 2001, "An Affect Theory of Social Exchange", *American Journal of Sociology*, Vol. 107.

[177] Lin, Nan, 2001, Social Capital Cambridge University Press.

[178] Liu, S. X., Lu, Y. X., Liang, Q. P. & Wei, E. Y., 2010, "Moderating Effect of Cultural Values on Decision Making of Gift-Giving from a Perspective of Self-Congruity Theory: An Empirical Study from Chinese Context", *Journal of Consumer Marketing*, Vol. 27, No. 7, pp. 604 - 614.

[179] Lowrey Tina M., Cele C. Otnes & Julie A. R., 2004, "Social Influences on Dyadic Giving Over Time: A Taxonomy from the Givers Perspective", *Journal of Consumer Research*, Vol. 30, No. 3, pp. 547 - 558.

[180] Luo, Y. D., 2003, "Industrial Dynamics and Managerial Networking in An Emerging Market: The Case of China", *Strategic Management Journal*, Vol. 24, pp. 1315 - 1327.

[181] Mackay, Hugh, 1997, "Consumption and Everyday Life (Culture, Media and Identities series)", Thousand Oaks, Calif: SAGE Publications.

[182] March, James G., 1994, "A Primer on Decision Making: How Decisions Happen", New York: The Free Press.

[183] Mayfair Mei-Hui Yang, 1994, "Gifts, Favors and Banquets: The Art of Social Relationships in China", New York: Cornell University Press.

[184] McDonell, J. Strom-Gottfriend, K. J., Burton, D. L., & Yaffe, J., 2006, "Behaviorism, Social Learning, and Exchange Theory." *Contemporary Human Behavior Theory: A Critical Perspective for Social Work*, *Pearson*, pp. 349 - 385.

[185] Mincer, Jacob, 1963, "Market Prices Opportunity Costs, and Income Effects", In Christ, C. Measurement in Economics. Stanford, CA: Stanford University Press.

[186] Miller, D., 1998, "A Theory of Shopping, Ithaca", N. Y.: Cornell University Press.

[187] Monge, P. R., & Contractor N., 2003, "Theories of Communication Networks", Oxford University Press.

[188] Moss, R. & Edward, E., 1992, "Some Thoughts on Artificial Intelligence and Economic Theory", *Artificial Intelligence and Economic Analysis*, pp. 131 – 154.

[189] Nie, D. & Lamsa, A. M., 2015, "The Leader-Member Exchange Theory in the Chinese Context and the Ethical Challenge of Guanxi", *Journal of Business Ethics*. Vol. 128, No. 4, pp. 851 – 861.

[190] Otnes C. C., Lowrey T. M. & Kim Y. C., 1993, "Gift Selection for Easy and Difficult Recipients: A Social Roles Interpretation", *Journal of Consumer Research*, Vol. 20, No. 9, pp. 229 – 244.

[191] Park C., Whan J., Bernard J. & MacInnis D. J., 1986, "Strategic Brand Concept-Image Management", Journal of Marketing, Vol. 50, No. 10, pp. 621 – 635.

[192] Parsons, A. G., 2002, "Brand Choice in Gift-giving: Recipient Influence", *Journal of Product & Brand Management*, Vol. 11, pp. 237 – 248.

[193] Parsons, A. G., 2011, "Paul W. Ballantine & Ann-Marie Kennedy. Gift Exchange: Benefits Sought by the Recipient", *International Journal of Sociology and Social Policy*, Vol. 31, pp. 411 – 423.

[194] Polgar, T. D., 2008, Functionalism, the Internet Encyclopedia of Philosophy.

[195] Putnam, R. D., 1995, "Bowling Alone: America's Declining Social Capital", *Journal of Democracy*, Vol. 6, No. 1, pp. 65 – 78.

[196] Putnam, R. D., 2000, "Bowling Alone: The Collapse and Revival of American Community", *Simon & Schuster*.

[197] Rubinstein, Ariel, 1998, "Modeling Bounded Rationality", MIT Press.

[198] Scandura, T. A. & Graen, G. B., 1984, "Moderating Effects of Initial Leader-member Exchange Status on the Effects of a Leadership Intervention", *Journal of Applied Psychology*, Vol. 69, No. 3, pp. 428 – 436.

[199] Sherfin, H. &Thaler, R. H., 1988, "The Behavior Life-cycle Hypothese", *Economic Inquiry*, Vol. 26, pp. 609 – 644.

[200] Sherry, J. F., 1983, "Gift Giving in Anthropological Perspective", *Journal of Consumer Research*, Vol. 10, No. 2, pp. 157 – 168.

[201] Shi Guicheng, Shi Yizheng & Chan Allan K. K., 2011, "The Role of Renqing in Mediating Customer Relationship Investment and Relationship Commitment in China", *Industrial Marketing Management*, Vol. 40, No. 4, pp. 496 – 502.

[202] Simon, Herbert, 1957, "A Behavioral Model of Rational Choice", in Models of Man, Social and Rational: Mathematical Essays on Rational Human Behavior in a Social Setting, New York: Wiley.

[203] Simon, Herbert, 1990, "A Mechanism for Social Selection and Successful Altruism", *Science*, Vol. 250.

[204] Simon, Herbert, 1991, "Bounded Rationality and Organizational Learning", *Organization Science*, Vol. 2, No. 1, pp. 125 – 134.

[205] Slater, D., 1997, "Consumer Culture and Modernity", Cambridge, UK: Polity Press.

[206] Solomon M. R., 1983, "The Role of Products as Social Stimuli: A Symbolic Interactionism Perspective", *Journal of Consumer Research*, Vol. 10, No. 12, pp. 319 – 329.

[207] Sproles, G. B., & Kendall, E. L., 1986, "A Methodology for Profiling Consumers' Decision-making Styles", *The Journal of Consumer Affairs*, Vol. 20, No. 2, pp. 267 – 279.

[208] Stam et al., 2014, "Social Capital of Entrepreneurs and Small Firm Performance: A Meta-analysis of Contextual and Methodological Moderators", *Journal of Business Venturing*, Vol. 29, No. 1, pp. 152 – 173.

[209] Thaler, R. H., 1980, "Towards a Positive Theory of Consumer Choice", *Journal of Economic Behavior and Organization*, Vol. 1, pp. 39 – 60.

[210] Thaler, R. H., 1985, "Mental Accounting and Consumer Choice", *Marketing Science*, Vol. 4, pp. 199 – 214.

[211] Tsang, E. P. K., 2008, "Computational Intelligence Determines Effective Rationality", *International Journal on Automation and Control*, Vol. 5, No. 1.

[212] Tvesrky, A. & Kahneman, D., 1981, "The Framing of Decisions and the Psychology of Choice", *Science*, Vol. 211, pp. 453 – 458.

[213] Tversky, Amos & Daniel Kahneman, 1991, "Loss Aversion in Riskless Choice: A Reference-Dependent Model Quarterly", *Journal of Economics*, Vol. 106 (November), pp. 1039 – 1061.

[214] Vanhonacker, Wilfried R., 2004, "Guanxi Networks in China", *China Business Review*, Vol. 31, No. 3, pp. 48 – 53.

[215] Wang, Cheng Lu, 2007, "Guanxi vs. Relationship Marketing: Exploring Underlying Differences", *Industrial Marketing Management*, Vol. 36, pp. 81 – 86.

[216] Wang, Q., Razzaque, M. A. & Keng K. A., 2007, "Chinese Cultural Values and Gift-Giving Behavior", *Journal of Consumer Marketing*, Vol. 24, No. 4, pp. 214 – 228.

[217] Webley, P. & Wilsona, W., 1989, "Social Relationships and the Unacceptability of Money as a Gift", *The Journal of Social Psychology*, Vol. 129, No. 1, pp. 85 - 91.

[218] West, Richard, & Turner, Lynn, 2007, "Introducing Communication Theory", McGraw Hill, pp. 186 - 187.

[219] Wolfinbarger Mary, Finley L. J. Y., 1990, "Motivations and Symbolism in Gift Giving Behavior", *Advances in Consumer Research*, Vol. 17, pp. 699 - 705.

[220] Wolfinbarger M. F., Gilly M. C., 1996, "An Experimental Investigation of Self-Symbolism in Gifts", *Advances in Consumer Research*, Vol. 23, No. 1, pp. 458 - 462.

[221] Woolcock, M., 1998, "Social Capital and Economic Development: Toward A Theoretical Synthesis and Policy Framework", *Theory and Society*, Vol. 27, No. 2, pp. 151 - 208.

[222] Yau, O. H. M., Chan, T. S. & Lau, K. F., 1999, "Influence of Chinese Cultural Values on Consumer Behavior: A Proposed Model of Gift-purchasing Behavior in Hong Kong", *Journal of International Consumer Marketing*, No. 11, pp. 97 - 116.

致　谢

感谢上海财经大学陈启杰教授、晁钢令教授、江若尘教授、吴芳教授、高维和教授，亚利桑那大学刘勇教授，伊利诺伊州立大学袁虹教授，俄克拉荷马大学方向教授对本书的指导和建设性意见。感谢吉林榆树市李合中学王国东校长、江西农业大学人文学院邹晓娟副教授、黄山学院管理学院占辉斌副教授在本书问卷调研上的大力支持。感谢妻子王国维、儿子俞琦多在本书写作过程中的理解和帮助！